语思

中学语文教学研究与实践

林 旭 著

·广州·

图书在版编目（CIP）数据

语思：中学语文教学研究与实践/林旭著. —广州：华南理工大学出版社，2021.7
ISBN 978-7-5623-6744-4

Ⅰ. ①语… Ⅱ. ①林… Ⅲ. ①中学语文课-教学研究 Ⅳ. ①G633.302

中国版本图书馆CIP数据核字（2021）第134692号

YuSi——Zhongxue Yuwen Jiaoxue Yanjiu Yu Shijian
语思——中学语文教学研究与实践
林旭　著

出 版 人：	卢家明
出版发行：	华南理工大学出版社
	（广州五山华南理工大学17号楼，邮编510640）
	http://hg.cb.scut.edu.cn　E-mail: scutc13@scut.edu.cn
	营销部电话：020-87113487　87111048（传真）
责任编辑：	黄冰莹
责任校对：	王洪霞
印 刷 者：	揭阳市榕城区榕文印刷厂
开　　本：	850mm×1168mm　1/32　印张：5.625　字数：121千
版　　次：	2021年7月第1版　2021年7月第1次印刷
定　　价：	49.00元

版权所有　盗版必究　　印装差错　负责调换

工作室赴揭阳第一中学榕江新城学校交流

孔令彬教授、苑青松教授莅临指导

工作室赴揭东区锡场中学送教下乡

工作室结业仪式合影

作者上课中

作者做备考专题讲座

作者与韩山师范学院赵松元教授合影

特级教师胡立根老师莅临工作室讲学

扈中平教授莅临工作室指导

特级教师茹清平老师莅临工作室指导

给省"三区"高中语文骨干教师做讲座

名师工作室送教下乡

序言一
体验式学习的有益探索

  林旭老师的新作即将付梓，邀我作序，尽管给学术著作作序"准入"门槛极高，但冲着我们相识相交多年的缘分，我还是不惮浅陋，欣然从命了。

  我和林旭老师有一段"师徒"之缘。2014年，林旭老师被评选为广东省高中语文骨干教师，培训期间，林旭老师曾到我担任主持人的"广东省高中语文名师工作室"进行过为期一个月的岗位培训。此后的几年，我们也时常围绕语文教学的一些问题开展探讨，林旭老师不少教学主张和追求"于我心有戚戚焉"。如，我推崇他的"体验式学习"主张；赞同他"合作探究、自然生成、对话启发"的本真语文教学；认同他课外自主学习与课堂高效教学的紧密融合、相互促进的理念；欣赏他"严而不滞，活而有度"的教学风格。他的不少教学论文也曾引发我的共鸣，如，发表于《语文月刊》2019年第10期的《高中语文教学中提升学生思维能力的教学策略》，发表于《课程教育研究》2020年第6期的《因人施教，有序训练——基于新课程背景下高中作文有效教学的思考》，发表于《语文教学通讯》2020年第6期的《新课程视域下的高中体验式作文教

学》等。林旭被评为广东省特级教师,特别是在被推选为广东省名师工作室主持人后,我和林旭老师通过广东省名师工作室平台有了更多的交流、探讨的机会,得以深入林旭老师的课堂,感知并深入了解他的教学理念和教学实践,并折服于他先进的教学理念和扎实有效的实践探索。基于此,我愿意将林旭老师这本书推荐给读者。

我以为,《语思——中学语文教学研究与实践》具有下述特色与亮点:

其一,视角独特——对"体验式学习"的青睐与推崇

我认为这是这本专著中最有价值的一点,也是这本学术著作的"灵魂"所在。林旭老师的研究与实践大多围绕"体验式学习"展开,凸显了他鲜明的语文教学观。何谓"体验式学习"?林旭老师给出这样的诠释:何谓体验?传统意义上说,体验就是亲身经历、实地实践,亲身领会。体验式学习即"在实际教学中……转变以教师为中心的教学模式,通过教师适当的教学设计,调动兴趣、激发情感,引起学生的情感体验和思维体验,让学生积极参与到课堂中来,去认知,去体会,去感悟,再认识,再发现,再创造,从而达到知识的学习与掌握,情感的理解与共鸣,审美的鉴赏与提升,精神的熏陶与升华"。

在我看来,林旭老师这一主张抓住了高中语文教学的"牛鼻子"。一方面,这一主张切合《普通高中语文课程标准(2020年版)》的相关要求。在《普通高中语文课程标准(2020年版)》中,"体验"一词出现26次,是出现频率最高的词语之一。其中,在阅读鉴赏方面,要求"感受和体验文学作品的语言、形象和情感之美,能欣赏、鉴别和

评价不同时代、不同风格的作品，具有正确的价值观、高尚的审美情趣和审美品位"。在表达与创造方面，要求"能运用祖国语言文字表达自己的审美体验，表达自己的情感、态度和观念，表现和创造自己心中的美好形象；讲究语言文字表达的效果及美感，具有创新意识"。另一方面，林旭老师的"体验式学习"观，与国内外教育家的主流观点一致。如，我国当代著名学者、博士生导师刘惊铎教授就曾提出"体验是教育的本体"的理论命题。他认为，以体验为核心的学习方式旨在唤醒、开掘与提升学生的潜能，关注学生的生活世界和独特需要，关注学生终身学习的愿望和能力的形成，促进学生的自主发展以及认知、情感、态度与技能等方面的和谐发展与特色发展，着眼于学生的全面成长。美国著名的社会学家、教育学家、体验式学习大师大卫·库伯于1984年在他的著作《体验学习：体验——学习发展的源泉》中指出，体验学习是一个过程而非结果。体验式学习注重学生的主体地位，强调在原有知识的基础上，学生积极实践，自我反省，主动建构文本价值。此外，体验式学习是扭转当下高中语文教学困境，提高学生语文学习兴趣的良方。无论是阅读还是写作，如果学生没有兴趣，无论教师如何引导，最后也是学不好的。体验式学习强调学生的主体地位，主张学生去经历某一件事或者某一种情境，通过自己已有的经历和认知去感受事物，理解事物，形成自己的深层次的联想，在这个过程中，让学生学到知识，体会到学习的乐趣。

其二，知行合一

这本语文教学论著内容鲜有不着边际的架空之论，多为"接地气"的真知灼见。在"知——研究篇",以"体验式学习"为中心,从五个方面进行了研究:体验式学习与思维能力提升,体验式学习与古诗文鉴赏能力提升,体验式学习与语言表达能力提升,体验式学习与戏剧鉴赏水平提升,体验式学习如何把握好"三度"。他的每一个研究点都是高中语文教学中必须面对的且为大多数老师感到困惑的问题。在"行——实践篇",记录了林旭老师在"体验式学习"方面身体力行,亲身实践的典型课例。无论是有关阅读教学的《祝福》《念奴娇·赤壁怀古》《沁园春·长沙》《望海潮》,还是有关作文教学的任务驱动型作文之情境身份写作指导、《题好一半文》教学、写作中为文字添彩"四法"、高三记叙文故事展开课、学生读书随笔课,都是真实课堂的"回放",让读者如临现场。在"思——思考篇",收录了对部分教学难点、重点、困惑点的探索与追问。有对新课程背景下高中作文有效教学的思考、对学生写作思维建构的再思考,也有对比较阅读在语文教学中的运用之思考、潮汕文化在高中语文课程中的开发与利用思考,还有对具体课例的教学反思,如《想北平》教学反思。这些来自教学第一线的探索与追问,想必更容易引起老师们的共鸣。

其三,聚焦关键能力

翻阅林旭老师的语文教学论著,不难看出他着力在培育学生语文关键能力上下功夫,始终聚焦于语文学科的两大关键能力的培育:阅读鉴赏能力和写作交流能力。

培育学生阅读鉴赏能力时,林旭老师注重为学生创设多元开放的学习氛围,在开放的情境中,给予学生与文本的沟通时间,让学生自主与文本对话,使他们在课堂上处于主动实践、积极思考探索的状态。林老师主要从五个方面培育学生的阅读鉴赏能力。

一是创设情境以触发体验。不是老师全盘托出,而是让学生独立走进文本深处,在与文本的对话中生疑、质疑,将自己的生活经历与文本之间建立联系,体会文章传递出的真情实感,从而产生自己独特的体验。如,在教学《祝福》时,课前让学生自行阅读课文,好些学生都发现这样的一个矛盾:小说出现三处独立成段的一句话,那就是"大家仍然叫她祥林嫂。"读者早就知道她叫祥林嫂了,这不是多余吗?大家都知道她嫁的第一个丈夫叫祥林,自然叫她祥林嫂。但是她第一个丈夫死了,她被迫改嫁了贺老六,怎么不叫她老六嫂?一系列的矛盾问题呈现出来,引导学生更多地去理解"烈女不事二夫"的贞节观,以及千百年来积淀下来的封建惯性思维对祥林嫂造成的伤害。

二是诵读文本以加强体验。林旭老师在教学中十分注重诵读,不少课例以读为主线,让学生在品读中感知语言,积累语言,培养语感,建构体验,以期对文本的理解更加丰富、多元和深刻。如,学习王维《山居秋暝》,学生在诵读时,发现本该押韵的"秋、流、舟、留"中的"舟"字不押韵,是不是王维的诗作在格律上不合要求?林旭老师引导学生将"舟"字的普通话发音与潮汕方言发音进行对比,学生们兴奋地发现:用潮汕方言诵读《山居秋暝》,"秋、流、舟、留"竟同为"iu"韵。学生查找相关资料,从《格律诗韵脚表》中发现"秋、流、舟、留"韵脚同属下平十一尤韵,再结合《诗经》等早期诗作中"舟"

字押韵情况可知,在《诗经·邶风·柏舟》一章中,"舟"与"流忧游"押韵,《谷风》四章中与"游求救"押韵。由此可见,王维的创作是严格依照古韵脚要求的。

三是角色扮演以激活体验。让学生在角色扮演的亲历活动中,走进文本,亲历人物,再现文本的情境,感受文本中曲折变化的情节,深入探究人物的内心,体味文中饱含深切的语言,在此基础上结合自己的生活经验,积累形成创造性的理解。如,教学《雷雨》时,将全班学生分成导演、演员、舞台设计、评议员四个组,让学生发挥所长,互相配合。导演组精心指导策划剧情,舞台设计自制道具、准备服装,演员组则认真研读半殖民地半封建社会中大家庭里各种身份人物的个性台词,全情投入演绎,评议组成员则收集戏剧相关知识,力求专业客观地对戏剧表演的环节提出指教。以演代教,让学生领悟文艺作品思想性与艺术性高度统一的特点,激发学生对戏剧的热爱之情。

四是对话讨论以深化体验。林旭老师主张建立平等和谐的师生对话关系,老师预设或鼓励学生提出自己学习困惑或独立见解,在相互的对话中,理解文本,感悟情感。如,教学《合欢树》时,学生质疑:作者既然那么怀念母亲,可为什么就不去母亲住过的小院儿看看,既然合欢树给作者如此深的印象和影响,为什么始终没有去看看?为什么会提到看合欢树的那个小孩?而且还几次提到?……林老师以这个问题为契机,引导学生与文本对话,寻找相关线索,有理有据地推理判断,形成自己的观点,深化阅读体验。

五是群文阅读以整合体验。林老师经常组织群文阅读,以教材为主导,在阅读教学中辅以相同主题的文章,让学生接触更多的文本，积累语言材料，获得大量的相关信息，促使学生多角度理解文本，增加学生的阅读量，丰富学生的情感体验。如教学《我的母亲》一课时，以老舍的《我的母亲》为主干，辅以朱德的《回忆我的母亲》、邹韬奋的《我的母亲》两篇文章，这种整合体验开阔了视野，激活了思维，帮助学生建构、内化个性化的"语言范式"，为写出有深度的作文打下基础。

在培育学生写作交流能力方面，林旭老师也进行了许多卓有成效的尝试，如引导学生体验生活，做生活的有心人；创设情境，打开情感之门；多样化阅读，丰富情感积淀；多样化的写作体验，与其他学科整合沟通；等等。限于篇幅，不一一详述。

当然，作为一篇序言，我也不能一味地称颂其美。在我看来，林旭老师这本教学专著也有两方面的不足：其一，从理论与实践结合上来看，对教学现象的学理阐释还不够深入；其二，用新课标、新教材理念来衡量，这本专著对当下高中语文教学必须直面的"学习任务群""整本书阅读""教学评价"等重点、难点问题还没有提及，有待进一步充实。

林旭老师在繁忙教学之余，能潜心读书、做学问，着实不易。祝愿他以这本专著出版为契机，百尺竿头，更上层楼，在语文教学领域有新的追寻、新的探索、新的成功！

茹清平

（全国特级教师，正高级教师，广东省首批名师工作室主持人，高考作文备考专家）

2021年4月19日

序言二

林旭校友杏坛耕耘多年的心得《语思——中学语文教学研究与实践》即将付梓，惠我先阅。拜读一过，获益良多，感愧不已，有动于衷，所以不揣鄙陋，勉书片语，聊充序文，且以致贺。

茹清平教授作的序"体验式学习的有益探索"已对此书特色有所揭橥："视角独特、知行合一、聚焦关键能力"，评得专业、到位。全书篇章结构既严整合理，又匠心独运；所举的案例既扎根教学实践，又富理论高度；关注点既有传统教研问题，又不乏国内外创新思维；而对一些教育难点，既进行了深入反思，又提供了有效策略，给我很多启发。比如，针对学生"书读得少，知识面狭窄；生活空间小，感受体验少；学习时间少，训练不落实"的"三少"状态，林旭老师提出了"用激情点燃激情，培养学科兴趣。依据教学情境，让思维之花在课堂上绽放。在教学中感受艺术的美，让审美成为语文课堂生命的养分。以习惯养成为抓手，提高语言建构能力"的策略，的确切中要害，可谓有的放矢。

贯穿这本书始终的教育情怀和教育理念，也给我留下深刻印象。林旭老师秉承"德育为先、教学相长、以研促

教"的教育理念,充分发挥语文教学的工具性和人文性双重功能,努力做到从"摇动"到"唤醒";把心交给学生,注重对学生潜移默化的思想熏陶;潜心研究教学,改革课堂教学,着力激发学生学习的内驱力,"推动"学生向更高的目标前进;坚持以研促教,把课题问题化,把工作科研化。在书中,我看到了一个农村中学教师的努力坚守,也感受了一个学者型名师深厚的专业素养,深刻体会到了一名人类灵魂工程师的崇高,体会到太阳底下最光辉职业的伟大。

1998年,我从创办于1902年、"中国第一所独立设置的中等师范学校"南通师范学校小学教育五年一贯制大专班毕业;这一年,林旭校友考入创办于1903年的百年名校韩山师范学院,入读中文系汉语言文学专业。2002年,我有感于自己教学水平有限,不想"误人子弟",考取同样创办于1902年的南京师范大学,攻读硕士研究生;这一年,林旭校友入职揭阳登岗中学,开始了他的教学研究生涯。2008年,我博士毕业,来到林旭校友的母校,开启我人生的一段新征程;同样是这一年,林旭校友来到新创办的揭东区第二中学,凭借出色的教学业绩、丰厚的教研成果,他的职业生涯越来越绚丽多彩。

短暂的中小学教书生涯里,我和多数同事沾沾自喜于"全国教育看江苏,江苏教育看南通"的表象,盲目执行着"县中模式"的教学法;林旭校友则根据学生实际,探讨教学规律,总结科学经验,形成一套行之有效的体验式教学方法。我经常惭愧,自己脱离了基础教育战线,当了逃兵;林旭校友则二十年如一日潜心一线,埋头教研,做出了卓越贡献。我当忝作广州大学学科教育(语文)硕士研究生导师,为学生论文选题搜索枯肠,一筹莫展时,林旭校友书中一篇篇精彩的论文,角度新颖,话题犀利,有深度,有广度,给我太多启发。林林总总的一切,都让我感愧之心油然而生,愿意将此书一读再读,很想再向林旭校友多多请益。

林旭校友在某篇回忆性文章中,曾经说过这样一段话:"走过风、历过雨、经过春、跨过秋,对教学不减的热情、对学生不变的关怀,赋予了教育之路充实厚重的意义。那是一种生命拔节穿透泥土的刚劲,那是一种智慧凝结孕育着关怀的力量。靠近,始得东风面,睿智、善谈、和蔼可亲;走进,终叹花满城,守道、启智、桃李满园。"我很喜欢这一篇,曾将它转载在学院网站上。这是他的"夫子自道",也是他给我的第一印象。现在再次读来,深感于我跟林旭校友的缘分,也很感谢此书对我的启发,不免放言几句,言不及义,还请同读此书的同道多多谅解。

周录祥

2021年7月24日

(韩山师范学院文学与新闻传播学院院长、教授)

前　言

在应试教育仍占据着比较重要的位置的今天，语文学科因其需要经过长期的积累、阅读、思索、运用，方能提高学生的学习成绩，见效较慢。因而，学生尽管在九年制义务教育阶段打下了一定的语文基础，但是语文学习总体仍处于被动状态。多数学生对语文缺乏兴趣，没有养成良好的学习习惯，语言积累、文化积累严重不足，读书不得要领，练习落不到实处，进而导致成就感缺失，丧失自信，语文学习兴趣越来越低。学习语文呈以下"三少"状态：

书读得少，知识面狭窄。很多学生课后不读书，普遍只喜欢看漫画一类的快餐读物，课外阅读量少质劣。很多学生反映电影《傲慢与偏见》看不懂。书读得少，随之而来的是眼界狭小，阅读理解困难，写作能力也差。高中一年级作文写《我最崇拜的人》，多数学生的选材仅限于歌星或球星、自己的父母或老师等狭小范围。

生活空间小，感受体验少。学生每天三点一线，生活空间很小，和外界少有接触，缺乏生活体验，导致感情之源枯竭。总体看来，高中学生的作文不如初中学生的耐读；高三学生作文中缺乏真情实感。

　　学习时间少，训练不落实。语文课时少，学生自由支配时间也不多，课余时间语文难以插足。正常的预习、复习落实困难，拓展更加谈不上了。学生这种状况难以适应高中学习的要求，要达到高考的目标难度更大。

　　语文核心素养的提出为语文教学指明了方向，也提出了更高的要求，语文老师必须认真研读、理解核心素养的内涵，充分发挥教师的主观能动性，尊重教育规律，以生为本，一切从学生出发，让学生体验语文学习的乐趣，一定可以开创出语文教学的新境界。

一、用激情点燃激情，培养学科兴趣

　　语文课堂上，教师首先要用自己的激情点燃学生的激情。在教学过程中，我们总抱怨学生读到高中了还不会阅读，作文表达不通顺，书写潦草，认为学生基础差、能力弱，其实导致这种状况的根本原因是他们在平时学习中缺乏对语文这门课程的兴趣和热情，缺乏良好的学习习惯和适合自己的学习方法，缺乏学习的主动精神。所以，如果说学生语文成绩差，那也是长期积累的结果，而并非与成绩优秀的学生在智力水平上有多大差异。要改变这种状况，必须从根本入手，就是激发学生学习语文的兴趣，用自己对语文的满腔热情去打动学生，让学生感悟语文的美丽、汉语的神奇。我常常告诫自己，要用一百次的努力去点燃学生学习语文的热情，要学会怎样煽情，要在激发学生阅读和写作的兴趣和热情上下功夫，这种努力需要长期坚持，直到学生爱学语文、乐学语文、主动学语文。心理学告诉我们:"学习兴趣是学生有选择地、愉快地力求接近或探究某些事物而进行学习的心理倾向,这种倾向是和人的情感相联系的。"兴趣是求知的一种动力,学生如对于某种学科有浓厚兴趣,常常就会推动他孜孜不倦地进行钻研,从而使兴趣成为打开科学大门的金钥匙。

二、依据教学情境,让思维之花在课堂上绽放

思维发展与提升也是高中语文核心素养的组成部分。思维发展与提升是语文教育的重要使命与目标。让思维的花朵盛开在课堂上,就是让学生在语文课堂上擦出最鲜活、最灵性的智慧的火花,语文教师要有意识地培养学生创造性的思维。《普通高中语文课程标准(2020年版)》在阐述教学目的时,明确指出"培养发现、探究、解决问题的能力,为继续学习和终身发展打好基础"。而当前语文课堂教学中,一定程度上还存在着束缚学生创新思维,追求统一标准答案的弊病。这种弊病很大程度上来源于教师对教参和标准化的理解,课堂上教师应大力鼓励学生对一些有价值的问题进行合作探究;大胆肯定"言之成理",适当宽容"自圆其说",从而促进课堂教学中问题的生成和解决,留给学生自主合作探究的自由空间。

例如在教授《项脊轩志》的时候我让学生提出疑问,就有学生提出文章里面写到回忆自己目前的时候只是"泣",而回忆祖母的时候却是"令人长号不自哀";还有在教授《合欢树》的时候有学生提出问题:作者既然那么怀念母亲,可为什么就不去母亲住过的小院儿看看,既然合欢树给作者如此深的印象和影响,为什么始终没有去看

看？为什么提到看合欢树的那个小孩？而且还几次提到？这是在特点教学情境中才会有这样的疑问，才会有思维的启迪，这种质疑答疑的做法正是培养学生创新思维的行之有效的途径。质疑答疑时不必考虑出格与否，也不必囿于答案的唯一性，当学生学有所思、思有所得时，再参与语言的交锋、思想的对抗，探究兴趣自然浓厚，课堂气氛自然活跃。启发学生超越文本、超越教师，独辟蹊径，甚至非逻辑地、反常规地、逆向地进行思维，非常有利于学生创新意识的培养。语文教师在课堂上应大力倡导学生寻疑、质疑、探疑、答疑，追求开放性的多元化的价值取向，在互动中让创新思维的花朵灿烂地盛开在语文课堂上。

三、在教学中感受艺术的美，让审美成为语文课堂生命的养分

审美鉴赏与创造是语文核心素养之一，高中语文教育如果不突出审美素养的培育就丢失了学科教学的重要价值取向，所追求的通过培养学生核心素养使之成为一个健全者的终极关怀就不可能实现。审美活动既是一种对象化把握世界的方式，也是一种自我确证、自我超越、自我发现、自我塑造的非对象化的活动，审美鉴赏与创造是高中语文核心素养的重要内容。我们生活的世界并不缺少美，真正缺少的是发现美的眼睛。同样，语文世界色彩斑斓，语文教师的使命不仅是传授知识与方法，更是培养学生的审美能力。课堂上教师是教学的组织者，也是审美主导者。教师如果能运用生动、亲切、得体的语言，妙趣横生的旁征博引、形象逼真的演示来创造一种如见其人、如睹

其物、如临其境的审美氛围,这样既可以使学生(审美主体)处于情绪感染之中,又使其在审美愉悦中得到陶冶,产生强烈的精神享受欲望。如讲授《雷雨》时,分角色表演一番,可以收到单靠语言评析难以得到的教学效果;对诗歌的教学则可以利用多媒体配乐展示,使学生在美的环境里得到熏陶,受到感染。学生学得快乐,老师教得轻松,其乐融融,这样的课堂才是我们语文老师努力追求的课堂。这样的语文课,才是流淌着诗意的美的散文。

四、以习惯养成为抓手,提高语言建构能力

要拓展语文教学的空间,关键是语文课堂还应着重培养学生语文学习习惯。对学生的语文学习习惯培养一刻也不能放松,我们要用百般的耐心去诱导和教育学生养成良好的书写、听课、做笔记、观察、思考、阅读、写作等学习品质,这种养成教育比教给他们知识和方法更重要,更需要持之以恒和耐力。引导学生学会观察生活、认识生活,丰富情感体验,积累语文素材。同时,要积极让阅读成为生活的一种需要,要加强对课外阅读内容和方法的指导,把生活感受和阅读体验结合起来,变成阅读和写作的血液,教师要做个有思想的人,也要引导学生做个有思想的人。我国传统的语文教学中非常重视学生对语言的感受和积累,如"熟读唐诗三百首,不会吟诗也会吟""读书破万卷,下笔如有神"等。语文教学在指导学生学习语言、理解语言、运用语言的过程中,就应该按照"感受——领悟——积累——运用"这样的途径去逐步发展学生运用语言的能力,提高学生语言建构的能力。在新课程标准中,

明确指出高中阶段的语文学习需在"积累整合、感受鉴赏、思考领悟、应用拓展、发现创新"五个方面获得发展。这样的阐释、这样的目标定位,正是在继承传统的基础上的发展和创新。

除此之外,我认为要拓展语文教学的空间,还应该优化课堂结构,创新教学方法。课堂教学要着力营造民主平等、和谐活跃的教学氛围,充分调动学生的积极性,把学习的主动权真正还给学生。教学目标的设计要始终突出能力训练和方法指导,能力点的训练设计要有点石成金之功,方法指导要有举一反三之效,以达到提高听说读写能力,培养想象力和创造力的目的。教学内容要注重优化,找准教学重点和切入点,要有所教有所不教,使课堂教学有的放矢,切忌面面俱到。

语文教师肩负重任,语文教学探索没有止境。在新的形势下,我们应该更新思想观念,大胆探索,不断拓展语文教学的新空间,不断追求新的境界。我们只有充分认识到语文课程的重要性,才能积极探索,提出行之有效的教学改革方案,进而付诸行动,最终迎来语文教学的春天!

目录

第一章 知——研究篇 ... 001

- 001 一、在体验中提升学生的思维能力教学策略
- 007 二、在体验中提升古诗文的鉴赏能力
- 023 三、在体验中提升学生的语言建构能力
- 033 四、在合作体验中提升戏剧鉴赏水平
- 039 五、体验探究应把握好"三度"

第二章 行——实践篇 ... 045

- 045 一、《祝福》第二节教学实录
- 050 二、《念奴娇·赤壁怀古》教学实录
- 059 三、《沁园春·长沙》教学实录
- 067 四、《望海潮》教学实录
- 074 五、紧扣任务,明确身份
- 084 六、《题好一半文》教学实录

089　七、锤炼思想，为文字添彩

093　八、学会加工生活，让故事波澜起伏

109　九、学生读书随笔

113　**第三章　思——思考篇**

113　一、因人施教，有序训练

120　二、学生写作思维建构再思考

124　三、比较阅读在语文教学中的运用之思考

129　四、倒叙式教学一例

131　五、潮汕文化在高中语文课程中的开发与利用思考

134　六、语文教学对班主任工作的辅助作用

138　七、用生活体验情感——《想北平》教学反思

141　八、广阔性与深刻性的有机结合——高考议论文写作思维训练反思

149　**后记**

第一章
知——研究篇

一、在体验中提升学生的思维能力教学策略

著名的思想家、哲学家、革命家、教育家恩格斯说过:"思维是世间最美丽的花朵。"伴随着新课程改革以及新世纪人才培养计划所需,思维能力的培养显得格外重要,它是一种综合了学习力、想象力、创造力、灵感、知识、美学意识等多种模式来加以综合处理问题的能力。

语文学科作为提高学生"文学思维"的一门重要学科,一直以来在教育教学中扮演着至关重要的角色,随着学科认知的深入和社会的发展的不断变化,教育核心也在不断地调整,由开始"双基"(基础知识、基本技能)目标的提出,到"三维目标"(知识与能力、过程与方法、情感态度价值观)的落实,再到现今学科核心素养的全面花开,可以说,语文学科教学的发展方向越来越明朗,教学要求越来越高了。特别是学科核心素养中提出的包括"语言建构与运用""思维发展与提升""审美鉴赏与创造""文化传承与理解"四个方面能力的培养。可以看出,"思维发展与提升"的培养,对老师的语文教学提出了更深层次的

要求，要求我们更加重视学生思维能力的培养和发展提升。

现阶段高中语文教学中对于学生思维能力的培养和提升存在明显突出的问题，主要表现在：一是教学对语文思维的概念理解不到位，对学生思维能力的培养缺乏系统的教学规划。教师没有了解学生思维能力的整体发展状况，根据不同阶段的身心特点设计不同的教学内容，学生思维能力养成见效慢；二是课堂教学教师主导多，学生主体性得不到充分展现。教师在教学中多以教师提出问题，学生回答问题的方式开展教学，学生被动地学习，没有能够激发他们的思维细胞，更谈不上提升思维能力了。三是受阶段性教学侧重点的影响，由小学初中的识背到高中的理解参透，未能很好地转换学习方向，导致思维迟缓、思维缺失等。其他的还包括区域教学模式的影响、教师能力的影响、快餐知识的影响等。基于此，在高中语文核心素养指导下的高中语文教学必须明确发展和提升学生思维能力导向，在不同教学内容的教学过程中促进学生形成良好的思维品质，增加思维的深度，拓展思维的广度，形成逻辑思维能力。

（一）善用活动课程促进学生良好思维品质的形成

活动课教学是高中语文课程的一个组成部分，也是发展和提升学生思维能力的一个重要教学内容。更重要的是活动课程是学生喜欢的一种轻松愉悦的，最容易碰撞出思想火花的课程，有利于活跃课堂气氛，激活学生思维。

《普通高中语文新课程标准（2017年版）》明确指出高中语文教学要加强教学实践，促进语文学习方式的转变。

教师在设计活动课程时,要注意高中生的身心发展阶段特性,懂得投其所好,让学生在自己喜欢的课程中享受教师精心设计好的每一节活动课程,让学生在活动课中激发想象力,开拓思维深度。美国心理学家调查研究发现:随着心智的逐渐成熟,高中生对世界的认知从形象进入逐渐变为逻辑进入,打破个体大脑相应区的平静或抑制状态,这是唤醒个体思维冲动的先决条件。而轻松愉悦的环境及情景正可以唤醒大脑,强化学生的思维诉求,能有效激发学生的思维品质。

如粤教版高一年级必修一活动课程的主题是"认识自我"。笔者在第一课时的教学设计中,安排学生根据自己的名字来介绍自己,用简单的语言把自己的个性特点说出来。设计这一内容是考虑到高一学生刚刚进入高中学习,彼此不太熟悉,同时让学生思考一下家人为自己起名字的含义;而作为老师,我在学生介绍前先做了自我介绍,在学生自我介绍后顺便介绍了中国人起名的方式和讲究,把姓名学的趣味知识介绍了一下。这样一来,不但能让学生认识自我,还能通过特别的名字让学生形成对自我的激励效应。进而,在第一环节的基础上,再让学生给自己起个"别名",利用所讲知识,让他们憧憬美好,细斟慢酌,定义自己,从而打开他们敢思敢想的思维品质。

同样,在必修二活动教学中,主题是"人与自然"。我在活动教学中设计了一场辩论赛,把学生分成两个大组,我拟定"环境保护应该以人为本,还是以自然为本?"作为辩题,充分引导学生在活动中去思考问题,在实践中形成良好的思维品质。与此同时,依据不同的节庆特色让学生设计出各具特色的手抄报、开展主题演讲活动等,丰富了教学内容,增加了教学的趣味性,培养了学生的语文学习兴趣,更重要的是在这样的一系列活动课程中,学生的思维品质逐步得以形成,思维能力不断得以发展。

(二)激活兴趣点培养学生形成深度思维的能力

面对语文教材,出现在学生眼前的是枯燥乏味的文字。怎样让课堂变得生动,怎样让教育有效化,则有赖于老师的苦心孤诣。其中最有效的方法就是"巧取矛盾"。"矛盾"是事物发展的动力和源泉,经过"矛盾"洗涤的知识更清晰,思维更有深度。但是,长期以来,因为升学、应试等多方面的影响,大部分地区的课堂教学都是由老师预先设计好的一个个问题堆砌而成的,更甚者还有一些老师提出一些简单"是非"问题。这样的课堂教学无法让学生领略文字之美、感受生活之奇、思考生命之魂,更别说培养逻辑思维了,简直就是在慢性扼杀学生的想象力。

以高中语文阅读为例,笔者认为在阅读教学中,教师要明确两个问题:一是阅读教学中的主体是学生,教学的任务是解决阅读主体在阅读过程中发现的问题,而不是解决老师的问题;二是要还给学生阅读的主动权,让学生基于自己的知识积累和认知水平去发现问题。这两点都指向一个目标,那就是在阅读教学中要架接起文本阅读与学生之间的思想桥梁,让学生在学习的过程中并线作者思维,进而根据学生现有的认知水平,形成自己的思维。而通过抓住文本异常矛盾处,激活学生的兴趣点,是将阅读引向深入,培养学生形成深度思维能力的有效手段。在实际教学中，笔者认为巧取"矛盾"来激活学生的兴趣点，可以将阅读引向深入，从而达到提升学生思维能力的目标。

文本的异常矛盾之处，往往是作者"别有用心"的行为，是理解文本主题思想的重要点，让学生发现或者引导学生发现这些异常矛盾处，能够激发学生极大的学习兴趣，最终达到深度理解文章的效果。例如，在教学《祝福》一课时，课前我让学生自行阅读课文，好些学生都发现这样的一个矛盾：小说出现三处独立成段的一句话："大家仍然叫她祥林嫂。"读者早就知道她叫祥林嫂了，这不是多余吗？大家都知道她嫁的第一个丈夫叫祥林，自然叫她祥林嫂。但是她第一个丈夫死了，她被迫改嫁了贺老六，怎么不叫她老六嫂？一系列的矛盾问题，呈现出来，就可以让学生更多地去理解什么叫"好马不配二鞍，烈女不事二夫"，还有那千百年来积淀下来的封建惯性思维的严重性。"仍然"一词，更进一步让我们看到祥林嫂在封建思想毒害下"不争不幸"默默承受的可悲现实。

又如在教学《合欢树》的时候学生也发现了几个异常矛盾点：作者既然那么怀念母亲，可为什么就不去母亲住过的小院儿看看，既然合欢树给作者如此深的印象和影响，为什么始终没有去看看？为什么提到看合欢树的那个小孩？而且还几次提到⋯⋯

思维是从"矛盾"开始的，并且在分析与解决问题中得以深化。教师引导学生发现问题的"矛盾"后，还要注意引导学生谈看法，比较、分析、判断。教师要引导学生调动以往积累的知识，灵活地运用各种方法进行分析，从文本中找到各种线索，加以推理判断，形成自己的观点，从而让思维能力得以深化提升。

（三）开设主题阅读活动拓宽学生的思维广度

《普通高中语文课程标准（2020年版）》认为：阅读教学是学生、教师、教科书、文本之间的多重对话，是思维碰撞和心灵交流的动态过程。通过强化阅读，设定恰到好处的阅读策略，能更好地培养学生的分析性思维、创造性思维和实用性思维，进而让学生的多向思维得以拓宽。

现阶段大部分学生的阅读量偏少，而且大部分也是零碎化的阅读，难以形成系列化的知识体系，严重制约了学生思维的拓展提升。而在教师群体中，也存在着这样的偏差：教学就是教教材，教材就是学习的主要内容，只要完成教材内容就是完成了教学的内容。殊不知，语文学习的特殊性注定了教材的内容远远不能满足阅读的要求，况且这种文选型的教材模式难以让学生形成知识体系，拓展学生思维的广度。因此，在日常教学活动中，教师一定要把课内阅读与课外阅读很好地结合起来，形成序列化的阅读体系。通过强化阅读，利用主题阅读活动培养学生形成阅读体系，让学生的思维得以最大化的拓展。

如在高一年级，第一学期我就尝试分为两个大主题，一个是"沐浴亲情"，让学生阅读的文本是《你的孩子》（纪伯伦），《目送》（龙应台），《最长的三里路》（倪萍），《窗前的母亲》（肖复兴）；一个是"亲近自然"，让学生阅读的文本是《随风吹笛》（林清玄），《生活在大自然的怀抱里》（卢梭），《一朵鲜花》（古清生），《瓦尔登湖》（梭罗）。在实施过程中，笔者将学生分成6个小组，每个小组为5名学生，在规定时间内让学生完成阅读，形成读书主题报告。初读阶段，老师要适当伸出"援手"，根据文本特点及侧重点引导学生去寻找核心问题，实现生本间的对话，否则容易出现半途而废，或者盲目"抄袭"的现象。接着，在组内进行阶段性的问题讨论，实现学生与学生之间的交流，互提问题，强化后阶段的深入阅读。最后，再进行跨组交流，让小组长作为代表进行交流学习，展示他们的阅读心得成果。同时，还开展诸如苏轼文本主题阅读、陶渊明主题阅读等，均收到良好的效果。

这样的方式，不仅让学生形成小组学习的习惯，更重要的是形成了主题引导下的知识体系，丰富了知识面的同时，拓展了思维空间的广度。

新课程改革是面向21世纪的教育改革，人才培养也慢慢地由"知识本位"向"能力本位"逐步转型。其中思维能力的提升是核心素养的重中之重，也是语文教学的重中之重。在高中教育阶段，培养学生思维能力对于提高学生的学习能力具有重要意义，能为学生今后的发展奠定坚实基础。因此，教师要正确认识到语文教育的重要性，不断改进和完善语文教学方法，从点滴做起，从每一堂课扎实做起，真正做到让学生的思维"入乎其内，出乎其外"，不断地培养并提升学生的思维能力。

二、在体验中提升古诗文的鉴赏能力

古典诗文是中华文学的重要组成部分，更是五千年中华传统文化的重要载体。从真挚质朴的古体诗到典雅严谨的格律诗，演绎着中华诗歌的发展历程；从辞藻华美的赋体文章到重视思想性灵的古典散文，诠释着先人对文学功能的不断探索。在那古老的简帛中，先人们沉重的家国之思、失志的落寞之情显示着中华民族精神的厚度，而对宇宙自然的思索、对壮丽山河的热爱、对国家民族的自豪、对人生价值的向往、对永恒真理的追求，更是体现了中华民族的精神高度。这些优秀的古典作品，从几千年的历史长河中一路走来，为我们带来了极为丰富的精神财富。阅读这些经典，传承中华文明，是我辈不可推卸之责任，更是我辈不可多得之幸事。然而，由于时间的距离，语言文字的发展演变，文化体认的差异，在实际教学中，一线语文教师常深感无力。怎样探寻一条具有可操作性的教学道路，是广大语文老师反复思索的论题。

《普通高中语文课程标准（2020版）》中明确指出，"普通高中语文课程，应使全体学生在义务教育的基础上，进一步提高语文素养，形成良好的思想道德修养和科学人文修养，为终身学习和全面而有个性的发展奠定基础，为传承和发展中华文化、增强民族凝聚力和创造力发挥独特的功能，为培养德智体美劳全面发展的社会主义建设者和接班人发挥应有的作用。"古典诗文学习无疑就"肩负着这一重任"。新课程更是大大增加了古诗文的内容，新高考也相应提高了古诗文分值。综观这些变化，我们可以发现，现阶段国家对于古代文化教育的重视程度加深了，有时更是以高考引导倒逼考生重视古典诗文阅读，传承和发展中华文化。

在实际教学中，一线教师们不论是出于文化认同还是提高学生考试成绩的需要，绝大多数都倾注了大量的时间和精力在古典诗文的教学上。据了解,一线教师对五册必修教材中的古典诗文的教学通常花费日常很多的教学时间,而在选修教学上,更是以两册古典诗文选读为教学重点,甚至给学生留下了"一直在学文言文"的印象。

然而,与专家、师长的满腔热情大相径庭的是,大多数学生对古典诗文的兴趣不大,通常表现为两种心理状态:毫无兴趣、避之唯恐不及;为了分数、硬着头皮听讲。如果说古典诗文是一座内藏丰富、精彩纷呈的宅子,前一类学生是远远望着那高高的院墙和弯弯曲曲的小径,抗拒、徘徊,不想也不愿进去;后一类学生则是一路小心翼翼,摸索前进,但宅子于他而言始终只是遮风挡雨的房屋,循其道而不知其幽,入其门而不味其妙。终是与教学初衷咫尺天涯。此种现状实在令人叹惋!

为何会产生此种矛盾现象?上海师范大学中文系教授郑桂华老师曾在《指向积极语言事件的群文教学活动》中指出:从理论上说,文言文教学虽然有求言、求文、求道等不同的学习取向,但大多数教师的实施路径一般有两条且大同小异。一条是由解决文言字词、句式开始,由句意、层意到主旨理解;另一条是从修辞、句式、表达手法和篇章结构的角度进行鉴赏。不管哪一条路径,都会给人以教抽象的文言知识的感觉。郑桂华老师的话可谓一语击中。重文言知识而轻文化审美,肢解文章、诗歌,变师生共学为满堂讲解,是多数一线语文老师的通病。细究原因有三:一是由于学生古诗文字词、文化知识储备不足,字词障碍便常常成为其阅读过程中的拦路虎;二是由于教师多存在急功近利心理,一切以提高考试成绩为教学指针,只要让学生多积累、读得懂就行,喜不喜欢、能否品味其中奥妙不重要;三是为了方便课堂调控,追求"一切尽在教师掌握"之中,故由教师包办一切是离目标"最近、最便捷"的道路。可如此一来,学生学习的乐趣便少之又少,又怎能热爱得起来?如何摆脱这种教学困境?我认为,倡导体验式古诗文教学方式或许是一种有效的方法。

(一)体验式古诗文教学模式及实践方法

何谓体验?传统意义上说,体验就是亲身经历、实地实践、亲身领会。《朱子语类》卷一一九曰:"讲论自是讲论,须是将来自体验。说一段过又一段,何补!……体验是自心里暗自讲量一次。"鲁迅先生在《花边文学·看书琐记》中也提到:"文学虽然有普遍性,但因读者的体验不同而有变化,读者倘没有类似的体验,它也就失去了效力。"在实际教学中,由于读者(学生)与作品的时间距离久远,读者与作者的人生阅历差距巨大,若是要求读者亲身经历、亲身领会实是不可为,但秉承先人注重"体验"之精神,转变以教师为中心的教学模式,通过教师适当的教学设计,调动兴趣、激发情感,引起学生的情感体验和思维体验,让学生积极参与到课堂中来,去认知、去体会、去感悟、去再认识、再发现、再创造,从而达到知识的认知与掌握、情感的理解与共鸣、审美的鉴赏与提升、精神的熏陶与升华却是切实可行的。

1. 联系生活,唤起情感认同

2020年初爆发的新冠疫情,给我们带来太多的伤痛,也让我们感受到更多的爱与美好。网上看到日本友人援助物资上的一句"青山一道同云雨,明月何曾是两乡",曾一夜之间爆红于各大媒体,引起国人无限的赞美与感慨。返校复学之时,我恰好正在教授《唐诗宋词元散曲》和《唐宋散文选读》,便有意在课堂上联系此事,让学生谈谈对此的看法。设置问题如下:在此之前你听过这两句诗吗?日本援中物资上所题写的这两句诗为何会在国内引起这么大的反响?从中我们该作何反思?

虽是对生活中小事的讨论,但一石激起千层浪。对于第一个问题,学生们颇有感慨,全班仅有一位学生表示以前曾看过该诗,但印象不深。至于为何这两句题诗能在国内引起这么大的反响,大家都能结合自身的感受分析原因:一是这两句诗确实很"美",有着博大的情怀;二是日本友人对这两句诗歌的选用让我们很惭愧,"我们对堂堂大诗人王昌龄《送柴侍御》一诗的认识竟是通过这种方式"!毫无疑问,该问题让学生们开始自我反思,也激发了他们对如何传承文化的思考。趁此机会,我及时做出引导:"诗海浩渺,不认识王昌龄的两句诗歌本不要紧,但日本友人对于中国文化的熟悉和热爱却让我们惭愧。有人说,白居易只用了'一半的功力'便已征服了日本,早在唐朝时期,日本上至天皇下至民间几乎都是白居易的'超级粉丝',这种影响力至今尚存。作为华夏子孙,传承千年文明是我们的荣耀,更是我们的责任!如今,我们既然看到了现实中存在的不足,那么,通过对古典诗文的学习来继承并发展我们的中华文化便是我们义不容辞的责任了!"

随后,我让学生们就"生活与诗歌"这个话题谈谈古典诗文渗透于自己日常生活中的例子。可能由于平时疏于留意和体会，部分学生回答不上来。可喜的是，有一位学生谈到自己的一次经历："有一次在村口看到一方澄澈的池塘倒映着白云时，脑海中不禁浮现出'半亩方塘一鉴开，天光云影共徘徊'这两句诗，小时候学这两句诗时没体会出它的美好，可当看到眼前美景时突然感受到了那个'鉴'字用得真好，真的如镜子一般，平静、澄澈；'徘徊'一词也用得很妙，用了拟人的修辞，把白云倒映在水中似走似停的样子描绘得特别生动。"这真是令人欣喜的经验分享！众人的思路一经打开，纷纷谈了自己的一些切身体会。在此基础上，我及时引导学生端正对古典诗文的认识：①古典诗文承载着我们中华文化，应重视并传承；②古典诗文虽在时间距离上与我们相去甚远，但在精神、审美上却一脉相承，我们完全可以通过学习去感受甚至去运用，让学习生活化、让生活文雅化。至此，通过联系日常生活，激发学生对古典诗文的情感认同的教学目的亦已达到。

2. 创设情境，激发学习热情

情境，指在一定时间内各种情况的相对的或结合的境况。在教学中，所谓创设情境，笔者认为当是指教师在教学过程中创设情感氛围，综合利用多种教学手段，从感官体验、情景体验、情感体验等多角度引导学生"走进"文本的教学方式。

随着教学设施的现代化，如今语文学科的教学方式越来越丰富。多媒体的使用使得过去很多由于学生无法亲身体会、亲耳聆听而造成的教学困境迎刃而解。如教授《琵琶行》时，一曲《琵琶语》让人真切地感受到琵琶音乐轻快流徐、清亮圆润之美，令学生能更深刻领略诗歌第二自然段对音乐的描写之美妙；又如讲授《短歌行》时，为了深入了解曹操求贤若渴的心情和建功立业的志向，我先后播放了1994年版《三国演义》中曹操"义释关云长"和"江上横槊赋诗"这两个片段，前者片中老艺术家鲍国安把曹操爱才、惜才但又不得不舍弃人才的那种矛盾心境演绎得淋漓尽致，有助于学生了解曹操求贤若渴的情感，后者慷慨豪迈，一代枭雄的英雄形象立于眼前；再如学习《春江花月夜》时，针对"春江潮水连海平，海上明月共潮生"一句的鉴赏，有学生提出质疑："为何诗人采用'生'而非'升'来形容月亮升起，用'升'字不是更正确吗？"为了引导学生更好地区别"生""升"二字的意义和效果，我综合运用了多种方法：研讨品味明差异、语言描绘入情景、动画设置助理解。在一张月光笼罩下的海天相接的图片上，我通过不同的自定义动画的设置，让一轮明月分别以极其缓慢的速度上升和以极其快速的速度从海平面上出现，不同动画效果的对比，生动形象地体现了诗歌情境的区别，有助于学生能更好地感受诗人措辞的精炼准确：那月亮从潮水中（海平线）"喷涌"而出的情景非"生"字无以表现，借助多媒体等教学设施，让语文课形象、多彩起来，这是时代与科技带给我们的福利。

　　当然，若一味地依赖于现代教学设施而忽视情境创设的深层机制——情境体验、情感体验，便是舍本逐末。语文教育要培养的是具有鉴赏与创造能力的人，而要达到对文本的鉴赏，还得从"情"出发。正如前文所言，学生与作者不论是在人生阅历上还是生长环境上都有着几乎不可逾越的鸿沟，所以，注重情境创设的情感便显得尤为重要。

以对《兰亭集序》的学习为例。《兰亭集序》是一篇融景、情、理为一体的序文，其所写之景优美清雅，所叙之事高雅和乐，所议之理发人深省，所抒之情引人共鸣，是宴集序的代表作，更是古典文学作品中举足轻重的千古美文。然而，对于此文的教学，常常让老师们感到困惑，主要体现在对文章情感的理解上。本文情感有三变：乐而后痛，痛而后悲。第一层谈"乐"，良辰美景赏心乐事，学生结合自身的生活经历，如游玩之乐、聚会之乐、赏景之乐，他们很容易领会到文章的妙处。第二层谈"痛"，王羲之究竟因何而痛？该层次中所言之"痛"是否有区别？仅有十几年平淡顺利的成长经历的学生们又该如何深入理解王羲之这带有哲思性的"痛"的感悟？这些一直困扰着教授者，也阻碍着学习者。在让学生充分自由讨论的基础上，笔者尝试以饱含真情的语言创设了富于情感感染力的情境："我们在生活中经常会碰到一些事情，如欢乐的相聚总是飞逝而过，快乐的童年总是如此短暂，一转眼间，曲终人散，一转眼间，我们已成长，这时，你的内心有何感觉？有时候，有些人、有些事是我们特别重视、特别心爱的，小的如我们喜爱的一个玩具，大的可能是我们挚爱的爸爸妈妈，我们多希望他们可以永远完好、永远年轻，可令人无奈无助的是，一转眼间，他们正以你不能控制、无法承受的速度衰老，这时，你的内心又有何感觉？还有的时候，即便外界的事物能暂时不变，但在某一刹那间，你发现你自己竟变了，还是那个可爱的玩具，还是童年喜欢得不得了的那根冰糖葫芦，但此刻的你竟已经提不起兴趣了，你有了新的爱好、新的欲望，此刻，你的内心又会是怎样的感觉？这时，你想着，没事，那我就用我漫长的一生去创造新的欢乐、去珍惜我爱的人与物、去满足我新的欲望吧，你看，谁还不是这样呢？可是，谁又能预定人生的长度呢？生命中真的有那么多的时间容许我们去无限追逐吗？"这些饱含感情的问题，将王羲之深刻而又略显晦涩的哲学思索与学生的生活体验结合起来，体现了创设情境的情感性，一下子将学生带进了关于人生的种种"痛"的感受与思考中，经过讨论、梳理，自然能解读出"痛"的几层含义来。

高中阶段的大多数古典诗文，不管是以抒情为主还是以说理见长，尽管其中不乏距离学生情感体验较远的篇章，但若能找准契合点，合理创设情境，定能起到辅助教学之用。

（二）吟咏诵读，体会音韵之美

学习古典诗文，反复吟咏诵读是最直观和最有效的"入境"方法。古人云：书读百遍，其义自见。此处的"读"未必特指诵读，但结合众多古诗文的特点，我们有理由认为：诵读百遍，其韵自见。综观古典诗歌的发展，其对音乐美的追求始终不变，且越来越强烈。从《诗经》时代的重章叠句到格律诗的戴着镣铐跳舞，音韵要求越来越严格。而文，虽有散文和骈文的区分，二者对形式与内容的追求大有差异，但不管是追求整饬之美的骈文还是侧重内涵的散文，诵读依然是打开文本鉴赏的一把钥匙，也是培养学生审美鉴赏能力、增强阅读体验的有效途径。

1. 把握节奏与情感之美

要更好地进行诵读进而体会作品内涵,在掌握正确的读音之外,首先要把握好节奏及情感。节奏,表面上看是指朗读的停顿,是"形式"上的概念,无关作品的内涵,其实,正确的节奏控制既能让我们领略到作品的音韵之美,又能帮助我们更好地体会作品的思想情感。出于纯粹音节停顿要求的节奏控制在这里无须赘述,我们单论其对诗文内涵的辅助作用。如在教学《蜀道难》时,指导学生注意长短句朗诵节奏便很重要。诗歌开篇"噫吁嚱,危乎高哉!"一句,句子极短,前三字连用三个叹词,看似无义,实则有大用。读此三字,音调当高,逐字上延攀展,尾音长,节奏缓,用夸张高昂之音在眼前画出一座高耸入云、危不可攀的高峰,以声状形,方得其妙!而"危乎高哉"四字,节奏宜慢,语音延长,以咏叹的口吻表达诗人对蜀山之高、蜀道之难的无限感慨。简短而自由的句式,便于情感的自由抒发。朗读至"连峰去天不盈尺,枯松倒挂倚绝壁。飞湍瀑流争喧豗,砯崖转石万壑雷"四句,句式相对整饬,一句一景,读时宜快速而有力,节奏一快,所状之景于读者眼前迅速切换,辅以铿锵的语气,刻画蜀道上景象之奇绝骇人,动人心魄。而主旨句"蜀道之难,难于上青天"一句三次出现,更应注意其节奏及语气的变化,应是渐次放缓,语气逐渐加强,逐层渲染内心的感叹、害怕、无奈之情。把握好朗读节奏,虽不动情也动情。

2. 体悟音韵格律之妙

音韵格律向来是朗读指导的薄弱环节。格律诗在音律上有何要求?平仄如何相对?韵脚有何讲究?绝少有老师会跟学生讲明白。如王维山水田园诗歌名篇《山居秋暝》中，二、四、六、八句最后一个字分别是"秋、流、舟、留"，教师们可能会强调它们押 iu 韵，但从现代汉语字音看，"舟"字显然不押韵，根据格律诗偶句必韵、一韵到底的要求，似乎大诗人王维的诗作在格律上不合要求。虽说古代音韵演变确实复杂，作为高中生不必深究，但若完全忽视这些变化，让学生们对经典诗作存在误解，却是不利于阅读体验的提升。因此，笔者在教学中有意提出该疑问，以激起学生的注意和思考。接着，笔者引导学生将"舟"字的普通话发音与潮汕方言发音进行对比（笔者所在地区为潮汕方言区），学生们兴奋的同时发现：用潮汕方言诵读《山居秋暝》，竟然出现偶句同一韵脚的现象。潮汕方言与古汉语音韵竟如此相似，那么普通话为何会出现差异呢？对此，笔者鼓励学生自行查找相关资料探求结果，最后，学生们从《格律诗韵脚表》中发现"秋、流、舟、留"韵脚同属下平十一尤韵，再结合《诗经》等早期诗作中"舟"字押韵情况可知，在《诗经·邶风·柏舟》一章中，"舟"与"流忧游"押韵，《谷风》四章中与"游求救"押韵。由此可见，王维的创作是严格依照古韵脚要求的。举一反三，经过查证，学生们还发现了杜甫的《登高》中"回、来、台、杯"四字也出现这种古今音变的情况。探究至此，有学生不禁提出疑问：这些字在古汉语中究竟发什么音呢？我抓住这个契机，鼓励有兴趣的同学多关注、学习古诗的吟唱艺术，亲身体验，兴许能找到答案。一切未知，皆从探究中得，从体验中来。

古诗学习，原是一个眼、口、心、手皆"在场"的过程，当眼观之、口诵之、心悟之、手书之，而口诵介于眼观与心悟之间，犹如一座桥梁，它将规范的对仗、严谨的平仄、悦耳的音韵化为一串串音符，轻叩心灵的门扉，在悦纳浸染中，升华成一种独一无二的阅读体悟、生命体验。

（三）对话教学，深味文本精髓

如上所言，口诵是为了心悟，心悟方能入境。叶圣陶先生在《语文教学二十韵》中曾经写道："陶不求甚解，疏狂不可循。甚解岂难致？潜心会本文。作者思有路，遵路识斯真。作者胸有境，入境始与亲。一字未宜忽，语语悟其神，惟文通彼此，譬如梁与津。学子由是进，智赡德日新。"在这段文字中，叶老先生强调了"入境"的重要性，"入境"即强调在语文学习中应深入文本，斟酌词句，与文相通，惟其如此，方能有进益。那么，学生该如何深入文本？传统教学模式中教师满堂灌、以教师的阅读体验代替学生的自我理解显然是不适的，为了密切学生与文本的联系，让学生深入文本，课堂对话教学是值得倡导的，这是消除教师满堂灌导致学生被动接受、兴味索然的教学弊端的重要方法，更是提高学生阅读能力、提升阅读体验的不二法门。对话教学，不仅有助于实现平等交流、资源共享，更能让学生真正深入文本，激发情感共鸣，生成意想不到的课堂效果。

1. 人–人对话

在古诗文教学课堂中，人–人对话是基础，也是生成和升华。人–人对话包括师–生对话、生–生对话。根据《高中语文课程标准（2020年版）》对教师在学生阅读过程中的作用阐述，"引导、支持、指导、点拨"是教师应起到的作用。基于此理念，在课堂教学中，师-生对话当摆脱师命生从、师言生和的虚假对话形式，而是倡导启发性、平等交流的对话模式。在提倡学生自主研讨学习的基础上，教师应在学习任务、教学节奏、情境创设、问题设计、疑问探讨等方面发挥主导作用。在学生自主阅读文本之前，教师可以通过合理有效的问题设计设疑激趣，启发思维；在学生出现阅读瓶颈或疑惑时，教师应与之交流引导。

如在教学《〈张中丞传〉后序》时，究竟该如何评价张中丞杀妾食兵，死守睢阳以致平民遭殃这一行为？我在教学中适时"示弱"，诚恳地说出我的不解："每次阅读这篇文章，张巡、许远和南霁云那誓死报国、顶天立地的男儿形象深深地打动了我，不禁燃起满腔豪情，深叹'生人当如此'！然而这场战争的惨烈、代价之巨大却又让今天的我们深思——这么做正确吗？值得吗？北宋灭亡，南宋历经七世153年，百姓生活似乎也过得去，可为何岳飞还是念念不忘'还我河山'？中华五千年的历史，辉煌伴随着苦难，每一次当外敌入侵时，我们总是不惜一切代价地反抗，究竟是为什么？"这些疑问看似繁多，实则指向同一个问题，却又不拘于对一课一人的评价与思索。我的疑惑在课堂上一下子打开了同学们的"话匣子"，大家纷纷畅谈自己的看法。有人从个人自我价值实现的角度谈为国付出自我的人能实现最大的人生价值；有人从"小我"与"大我"的角度分析，认为应该舍"小我"成"大我"，并以抗疫中的英雄们为例证，甚至有学生结合抗美援朝上甘岭战役精神进行比较；还有一位学生只说了一句"因为我们是

中国人",话虽简单,却道出了"身份归属与认同"这一深层内涵;当然,也有学生提出了不同的观点,认为改朝换代甚至易国是历史前进的表现,只要百姓生活安居乐业就好。此语一出,立即引发了其他同学的反驳,他们以香港经受殖民统治对青年一代思想上的不良影响和美国严重的种族歧视为例说服了该同学。经过讨论,学生们形成了自己对文章的深刻理解,而在这一对话过程中,他们展示出来的丰富的知识、敏捷的思维、正确的价值观更是令人欣喜、赞叹!人-人对话,碰撞出思想的火花,收获精彩和谐的课堂效果。

2. 人-本对话

《尚书·尧典》云:"诗言志,歌永言。"宋·周敦颐《通书·文辞》:"文所以载道也。"一言以要之,诗文之被创作出来,便肩负着伟大的使命——抒写性灵,言情达意。故读者阅读的过程,就是感知作者情感、吸收思想精华、形成个性化体验的过程。高中阶段的学生,在人生阅历上与古诗文作者们相去甚远,所以常与作品存在疏离感,但他们年少多情又思维敏捷、有鲜明的个性色彩,故放手让他们自主鉴赏,通过人-本对话,常有意想不到的精彩。

学习《项脊轩志》时,关于作者所言的"多可喜",学生们多能从环境描写中感受到项脊轩环境之清幽美好,亦能体会作者轩中读书生活的自在洒脱,但对于"多可悲",尤其是作者对于"诸父异爨"和"祖母赠笏"的感伤,学生们基本上皆无法体会。随着时代的发展,家族结构亦产生了很大的变化。我们对"家"的界定似乎正在窄化,家族观念日渐淡化。所以，现在的学生很难理解归有光对于"诸父"分家行为的痛心，大家普遍表示：这不是很正常嘛！我们家也没有跟叔叔伯伯爷爷奶奶住一块啊！至于祖母赠予象笏给归有光带来的振兴家族的使命感与责任感，学生们更是不能体会。为了解决这一难题，笔者鼓励学生深入文本，多做思考，多与作者进行跨时空的思想交流：封建社会中，人们为何会有强烈的宗族观念？与今天多数学生为了个人前程而读书不同的是，归有光读书还有什么原因？诸父异爨和祖母赠笏两种悲痛在本质上是否相同？第一个问题涉及面较广，既有伦理思想的原因，又有社会现实原因。经过深入思考，有学生指出这是封建家长制下对家长地位的尊崇和对孝道的弘扬；也有学生指出强调宗族观念可以"抱团"，形成合力，占据较高的社会地位，就像《红楼梦》中的大家族；还有学生结合自己游览围龙屋的感想指出这体现了中国人"团圆""和"的思想。这些解读让我由衷佩服，观点二能触类旁通，观点三则真正做到将书本与生活结合，将个人体验与文本阅读融通，实现人-本对话。有了对第一个问题的思考为基础，理解第二个问题就容易多了。学生们结合作者家族分崩离析的情况，很快便得出了归有光读书不仅是为了"修身"，更出于"齐家"的强烈愿望。因而，祖母将代表家族荣耀的象笏交到归有光手中，便也是将整个家族的希望与荣誉托付给作者，一把象笏，承载着沉甸甸的爱与希望。而写作之时，作者仍功业未就，惭愧与伤感之情自是不言而喻。解读至此，对于第三个问题，学生自然也能够理解两种悲伤本质上是一致的，都是归有光对于家族衰落的慨叹和无力振兴家族的悲伤。

在理解了这几种悲伤之后，我接着抛出一个问题：文章最打动你的是什么？这个问题看似平常，实则是引导学生完成一次与文本的深层的对话，是一次自我体验与作者思想的交流。因为，不同的回答能体现出学生不同的情感体验和价值判断。例如，有的学生谈到最打动她的是文中所述的失母之痛与丧妻之悲，一句"庭有枇杷树，吾妻死之年所手植，今已亭亭如盖矣"让他们感动不已。有的学生说："这句话让我仿佛看到了小时候爷爷为我种的那棵黄皮果树，爷爷知道我爱吃黄皮果，便在老屋旁边空地上种了一棵黄皮果树，结果时一串一串的，个大颜色金黄，特别酸甜，不像外边买的果肉虽然多，但味道很淡。只是，现在爷爷已经去世了……归有光写的其实不仅仅是失母和丧妻的悲伤，也是所有曾失去过亲人的人们的悲伤。"再如，有的学生认为最打动他的是归有光对于振兴家族的使命感，这让他想起了《平凡的世界》里的孙少安，"虽然他们两人的处境完全不同，但读到归有光的悲伤我就莫名想起少安箍窑后的喜悦，结果不同，但对家庭的爱是一样的"。时空虽有隔，真情无界限！这就是优秀作品的魅力，这就是深度阅读的魅力。通过人-本对话，深入文本，与文相通，能收获不一样的阅读体验。

俗话说，教学有法，教无定法。除了以上所述几种增强学生阅读体验的方法外，教师还应依据教学内容及学生个体特点的差异灵活运用多种不同的教学方法，让古诗文教学更为生动，让学生的学习体验更为丰富、深刻。如在学习一些环境描写优美、情感抒发真挚的篇章时，可让学生自主阅读并用现代散文语言描述、抒写出来，此法既能促使学生深入理解诗歌内容，体悟诗歌情感，又能让学生养成勤动笔的习惯，从而提高学生写作能力。在此基础上，若有学生喜欢画画、擅长画画，也可鼓励学生发挥己之特长，将诗意转变为画面，形象可感。笔者所任教班级中若干学习绘画的艺术生，便曾依据《春江花月夜》《问刘十九》等诗创作绘画，得到全班同学的大力赞赏；对一些故事性强的古典诗文（如《孔雀东南飞》《氓》等），可鼓励学生排演课本剧。通过揣摩设计台词、安排情节、实践表演等活动，学生对人物形象、文章主旨肯定会有更深刻的理解，其体验效果远胜于教师教授；另外，将阅读教学与语文活动结合起来进行也是一个不错的选择。如学习《与妻书》时，笔者曾给学生展示过"齐越诗歌艺术节"中哈尔滨师范大学艺术学院学生的优秀朗读作品，并开展分角色朗读比赛活动，激发了学生们的朗读兴趣，提高了学生们的朗读技巧，也让他们真真切切地感受到林觉民崇高的爱国情怀。再如学习《报任安书》时，从司马迁忍辱求生这一选择可提炼出"择生与择死"这一话题，以此开展辩论赛，可深化学生对人生意义的理解，加深阅读体验，提高阅读古诗文的兴趣，何乐而不为？

三、在体验中提升学生的语言建构能力

《普通高中语文课程标准（2017年版）》明确指出："语文课程作为一门实践性课程，应着力在语文实践中培养学生的语言文字运用能力。"提出"多读多想多写，多角度地观察生活，多方面地增进语文积累，丰富自己的精神世

界、生活经历和情感体验，完善自我人格，提升人生境界。"这些都表明作文教学应关注学生在生活中的体验，把体验用文字表达出来，所以我们提倡体验式作文教学。

（一）新课程下倡导体验式作文教学的必要性

体验式作文教学是指在教学中积极创造现实的情境，使学生真切体验教学的内容，根据实际的写作要求把握写作要点，培养学生实际的操作技能，以获得更好的教学效果。它把观察和体验生活作为学生写作的起点，倡导让学生深入观察、阅读、感悟、体验，写具有真情实感的文章，说具有个人创见的话语。然而，在实际作文教学中，我们的很多做法却往往与之背道而驰。

随着新课程实施的逐步推进，中学作文教学改革也不断深入，呈现出百家争鸣、百花齐放的研究氛围。大部分老师已不再一味把技能训练当作写作教学的核心内容，反对对学生进行写作"训练"，反对系统的设计、理性的规范和技术的介入。这无疑是正确的，毕竟写作究其本质应是"情动而发"，不可过于讲究"技巧"。然而，在实际教学中，部分老师却容易走向两个极端：时而忽略、时而扭曲。

现实中部分老师（尤其是高一、高二教师）淡化写作教学，使作文教学处于茫然状态，教师的引导流于空泛，学生写作习惯闭门造车，缺乏对生活的体验与思考，要么情感缺失、虚假、幼稚化，要么无病呻吟或寻章摘句，习作内容空洞，严重脱离生活。而到了高三，出于对作文成绩的追求，写作教学便被扭曲了。由于材料作文在高考作文中出现的频率较高，高三老师在平时作文教学中更是加大了对材料作文的训练力度，而其中最受重视的莫过于议论文的写作了。一是受各地优秀作文的影响（各地优秀作文多为议论文），二是由于议论文训练比较具有可操作性。议论文写作本是一个人由感性感知上升到理性认识的一种体现，可以说是写作的较高形态，但在教学中，很多老师却将其扭曲为一种速成的写作套路：指定一些作文素材让学生背诵，甚至教给学生一些"写作模式"，这种做法在较短的时间内确实能在一定程度上提高学生的作文分数，看起来似乎事半功倍。可是，从长远来讲，这种做法则存在较大的缺陷。首先它束缚了学生的创作思维，据了解，很多高中学生反映现在面对一个新作文题时，总是很习惯性地按照一定的作文模式作文，发现自己"好像不会写作文了"，甚至出现了厌作情绪；其次，由于思维的限制，学生所创作出来的文章在内容情感上多趋同，很难有自己独特的见解，文章质量自然也就不高了。这种现状着实令人担忧。

正是基于这样的认识，体验式作文教学的提出就显得很有必要了。只有通过体验，当学生心底的那根"神经"、那块最柔软的地方被触动时，学生被"禁锢"的思维才能打开，才能写出真正有意义的文章来。

（二）新课程视域下体验式作文教学的实施方法

1. 引导学生体验，为写作奠基

鉴于学生作文出现情感虚假、幼稚化，甚至缺失这些现象，语文课堂肩负着重大责任。在所有学科中，语文是最可能实施人文教育的学科，语文教师是最有可能成为学生心灵导师的人，语文教材内容是离人的灵魂最近的地方。所以，通过语文课创设情境，丰富学生的情感体验是完全可能的。

苏霍姆林斯基说："一个教师不能无视学生的情感生活，因为那是学习中主动性和创造性的源泉。"巧妇难为无米之炊，要写出情感真切、言之有物的文章，我们可以在语文教学中充分丰富学生的情感体验、唤醒他们沉积的情感。

（1）体验生活，做生活的有心人

生活是一切艺术创作的源泉。高中生绝大部分整天生活在学校里，每天三点一线的生活，导致他们见识少、阅历浅，常感作文时内容空洞，文思枯竭。正因如此，才应该引导学生更加注重对生活的体验。于丹教授曾说过："文科的学习无非就是人文，最早的人文就是指人间百态，就是世相图……人怎么学文化，关乎人文，也就是你去体验。外师造化，中成心源，春花秋月，山川河流皆为老师，一个人要去世界上感知的就是一花一世界，一叶一菩提。"作为语文老师，我们应该灌输给学生一种"生活即艺术"的思想，引导学生善于观察生活、体验生活、感悟生活，积累第一手的写作素材。

如在一次以《幸福》为话题的作文训练中，很多学生习惯寻章摘句，堆砌华美辞藻，或者填满大段大段的充满哲理的话语，一看便觉虚假；有些学生则反映常感生活枯燥无味，甚至充满了挫折、颓丧，哪来的幸福？最后，为了完成作业，少不得又编造出妈妈灯下补衣、爸爸雨中送伞之类的情节，与小学时所作无异。唯有一个平时很文静的女生用很平实的语言叙述了一件小事,大意是:她出生于一个很普通的家庭,因弟妹众多,家中经济有些拮据,作为家中长女,平时不得不省吃俭用,与经济条件好的同学相比,常常自我悲伤。然而有一次,当她把同学送的、自己舍不得吃的几块巧克力带回家给弟妹吃,弟妹欢呼雀跃时,"那一刻,我的心中有一股暖流流过。我还太小,不能给幸福下一个权威的定义,又或许,幸福根本没有唯一的内涵,我只知道,当最小的妹妹嘴角还残留着一抹巧克力的香甜入睡时,我看着她在灯光映照下绒毛未退的小脸,我感觉到了生活的美好内涵:爱、谦让、和谐、宁静"。这样平实而动人的话语令人无不动容,这样来源于生活、有血有肉的文章才是我们想看到的。

(2)创设情境,打开情感之门

改版后的高中粤教版语文教材中设计了很多活动课,这些活动课形式多样,为语文教学中活动的开展提供了很好的平台。如在教学必修一第一单元《讲述自己的故事》时,针对学生刚刚走过了人生的第一个转折点,踏入陌生校园时的特殊心理,我曾设计了一节活动课:布置学生自学教材中提供的课文《北大是我美丽羞涩的梦》,划出并品味你最有感触的句子。在课堂上,我先用比较感性的话语导入(讲述自己成长过程中的两个故事),激发学生对"成长""理想"的感触:生命是可贵的,因为它是不断发展的(很多学生曾因成长中的诸多烦恼而流露出拒绝成长之意),只有如此,我们才能获得丰富的人生体验;理想是可贵的,为了它,哪怕路上充满了坎坷和荆棘,唯有尝尽了旅途中的艰辛,成功才更显可贵。由于有了比较充分的情感铺垫,学生与同学、老师之间的陌生感消失了,也纷纷开口发言,谈起了自己的成长故事:甜蜜的、辛酸的、难忘的……还记得当时有一位女生在小时候因父母外出,独自在家,遭遇火灾,被大面积烧伤,几乎丧命,先后动了好几次手术,至今脸上、身上留下了很多疤痕,手指伤残变形,开学之初,同学难免会低声议论。结果在课堂上她勇敢地站起来讲述了自己的故事,尽管遭受重重波折,但她依然不甘人后,凭借自己的毅力考上了揭东二中。故事讲完,全班同学纷纷为之鼓掌,激动不已。这些无疑加深了学生对成长的思考、坚定了对理想的追求。我抓住这一难得的时刻,建议学生自由习作,写下你的感受、理想等,只要有真情实感便可。我想,这种情感体验是学生终生难忘的。

教无定法,所以创设体验情境的方式也可以是多样的。其他活动形式,如教学《孔雀东南飞》时可以让学生自编自演,这种方式可以让学生自行钻研教材,既解决了字词理解这一文言文教学难关,通过演绎,又加深了学生对文本内涵的理解,同时,演戏过程中经历的困难也丰富了学生的人生体验。

(3)多样化阅读,丰富情感积淀

但凡优秀的作品,其内涵都是丰富的,这就要求作者必须具有丰富的见识、深厚的情感积淀。然而,学生们绝大多数经历较少,繁重的学业又限制了他们体验生活的自由,因此,倡导体验式作文教学还得扩大学生的阅读面。

美国著名心理学家克拉森在《作文:研究、理论与应用》中提出:"学生自发的兴趣课外阅读,比增加经常性的写作训练对发展学生作文能力更有效。"增加学生的阅读量，丰富学生的情感体验在教学中可以以多种方式进行，如主题阅读、比较阅读、读书交流会等形式。

主题阅读，即是以教材为主导，在阅读教学中辅以相同主题的文章，增加学生的阅读量，丰富学生情感体验。如在教学粤教版高中语文第二册第一单元——《情感体验》时，我围绕"情感体验"这一个阅读主题，以课本中的课文为主，再辅以其他情感类文章若干篇，让学生在阅读中体会，在体会中感触，在感触中抒发，从而激荡起学生情感之潮，并在感性的抒发中有了更深刻、更全面的认识和体悟。如教学《我的母亲》一课时，以老舍的《我的母亲》为主干，辅以朱德的《回忆我的母亲》、邹韬奋的《我的母亲》两篇文章，形成了有机的整体，共同表现母亲在对子女爱的作用下做出的"奇迹"，从而让学生们明白了，在母亲的心中，孩子是最主要的力量，作为孩子要珍惜母爱，理解母爱，体谅母亲，报答母亲。丰富的主题阅读积累了学生们的语言，开阔他们的视野，激活了他们的思维，在此基础上进行批注的感悟，思想就有了"语言的载体"。许多学生写出了很多优美作文。

比较阅读和读书交流会则不仅可以在比较交流之中丰富体验，更能提升学生的思想境界，为写出有思想性的文章打基础。

2. 尝试多样化的写作体验

体验，是为了创作。在教学中，我们通过各种方式丰富学生的情感体验，唤醒学生沉积的情感积累，这是一个储备过程，要出成果，说到底，仍应通过写作训练，方能真正提高学生的作文能力。而这却需要一个漫长的过程。

（1）让写作成为一种习惯

正因为写作能力养成的长久性，我们才提出"让写作成为一种习惯"。我们都知道，亲身体验与创作之间未必有直接的关联。有了亲身体验不一定会创作，即便有所创作也未必写得好。在教学之中，我们常可以发现，有些学生情感丰富、心思细腻、口头表达能力很强，甚至积累了很多的文学和生活方面的素材，可一写起作文却往往词不达意，言而无物，甚至对写作产生畏惧心理。这是为什么呢？我想，原因有二：一是写作能力弱，二是将写作抬高到一个自己所不能触及的位置。

写作能力弱，究其根本皆是写得少所致。很多学生平时从不自觉写作，总是要等到老师布置任务，规定作文题目，这才绞尽脑汁，拼凑一篇习作出来，这样作文自然是内容空洞、词不达意，即使体验不少，可写出来的文字却总觉与所要表达的相去甚远。在这一点上，恐怕是没有捷径可走的。唯有常练常写，才能在自己的词库中寻找到合适的词语并以合适的方式表达出来，这需要一个借鉴、模仿、自我推敲、修改完善的过程。

将写作抬高到自己够不着的位置是一种对写作的敬畏心理。因为写得少，所以害怕，因为害怕，所以总将它当作一件"大事"，轻易不敢碰触。长此下去，谈何写作能力的培养？

习惯用写作来表达情感的人都有一种体会，那就是无论身处何时何地，他们都有一种将体验转化为文字的迫切诉求，今天我做了什么，我得到又失去了什么，我在做事情时有怎样的情感态度,所有这些,他们都能够及时转化为文字来使情感得到释解并期于别人的共鸣。如果能让所有的学生都达到这样一种写作状态,我们就不愁作文该怎么教了。

(2) 序列训练与开放写作内容相结合

注重"体验"是否意味着可以淡化序列性作文训练,让作文指导退出课堂?我想答案是否定的。在高中教学中,我们既要丰富学生的情感体验、鼓励学生自由创作,养成自觉的创作习惯,同时又要系统规划整个教学阶段,即做到序列训练与写作内容的开放相结合。

序列训练并不是限制学生的写作自由,一味强调技法的指导,而是指分年级、分文体的训练。如在高一时可以侧重对记叙文的训练,主要训练如何将真情实感表达出来,力求写出文体特征显著、有真情实感的文章来,在阅读方面可以以情感丰富的美文引导和催化;高二、高三时可以侧重对议论文等其他文体的训练,除了教授必要的文体知识外,重在引导学生对丰富的情感体验加以理性的梳理,学会辩证地、多元地看待事物。如可以在课前三分钟活动中开展"某某说事"的活动,这种做法一来可以促使学生关注时事、品味生活,二来在"说"的过程中既锻炼了表达能力,又增强了理性分析问题的能力,那么写起作文来便有了内容的保障,又较有思想性,可谓一举多得。

系列训练只是为了避免作文教学的茫然和混乱,可要调动学生作文的积极性,还是应该提倡体验内容的开放性。传统作文教学中,写什么、要表现什么,一贯是教师制定的,或者是"教参"早已定好的,教师照搬来而已。

如此束缚,导致有些学生失去了写作的兴趣。虽说教材规定的写作内容都是积极向上、充满人文关怀的,但也不应限制过多。在思想导向正确的基础上,我们应该允许甚至鼓励学生写自己独特的体验、发表个性化的见解。只有这样才能使学生在快乐的体验中,自觉地观察生活、积累素材、展开想象,从而培养学生自主作文的意识、兴趣、能力及对生活和习作负责的态度,才能避免苏霍姆林斯基所言的结局——假如你的学生离开你时是无个性的,那就意味着作为教师的你没在他身上留下任何东西。

(3)体验作文形式的丰富

《普通高中语文课程标准(2017年版)》指出"语文课程应该是开放而富有创新活力的,应尽可能满足不同地区、不同学校的需求,并能够根据社会的需要不断自我调节、更新发展。"作文教学更是如此。

在阅读体验中提高写作能力。在阅读教学中充分挖掘习作资源,开展多种形式的作文训练,如续写、改写、仿写、扩写、缩写等。在阅读教学中开发学生感兴趣的习作资源,创出习作教学的新洞天。如上《项链》一课时,因其结尾戛然而止,不少学生感觉意犹未尽,很有续写的兴趣,所以我们让学生试着为作品续写结局,此举收到较好的效果:一是调动学生的创作兴趣,充分发挥学生丰富的想象能力、严密的思维推理能力,从而体会到作品结尾的艺术魅力;二是在续写中想象主人公马蒂尔德在得知真相后的反应及其今后命运,加深学生对"什么是人生真正应该追求的东西"这一价值观的认识,从而达到间接地体验人生的目的。

除此之外，还可以尝试与其他学科的整合沟通。艺术是相通的，其他学科中蕴含着丰富的习作资源，只要我们努力探索，将写作教学与其他学科有机融合定能起事半功倍的功效。

体验，是激发写作诉求的方法。生活是艺术的源泉，教育家叶圣陶先生说："应该去寻找它（指作文）的源头，有了源头，才会不息地倾注出真实的水平，这源头就是充实的生活。"

这就是体验的价值，这就是体验式作文教学真正的意义。

四、在合作体验中提升戏剧鉴赏水平

从文体的角度纵览高中语文教材，我们就会发现，在基本的文学体裁（诗歌、戏剧、散文、小说）中，最受冷落的是戏剧。五本必修书中戏剧作品只有基本阅读的三篇和扩展阅读的两篇。但值得注意的是《普通高中语文课程标准（2017年版）》中却并没有因为戏剧作品的比例低而降低阅读与鉴赏的要求，在对必修课程的目标设定中有这么一条："在阅读鉴赏中，了解诗歌、散文、小说、戏剧等文学体裁的基本特征及主要表现手法。"而高中教材中的戏剧大多是从长篇剧作中节选的，如何实现长文"短"教，加深学生对戏剧的了解，达到教学目标的同时又开阔学生的阅读视野，培养学生感知鉴赏戏剧的能力，提高学生的语文素养和审美情趣，其教学方法值得我们探究。

戏剧是一门综合性的舞台艺术，它借助文学、音乐、舞蹈、美术等艺术手段塑造舞台形象，揭示社会矛盾，反映社会生活。要想有的放矢地设计教学环节和教学方式，首先必须认清戏剧的文体特征，牢牢把握戏剧三要素：舞台说明、戏剧冲突、人物台词，才能吃透文本，有效引导学生鉴赏戏剧。其次在传统的戏剧教学中，往往以教师讲授为主，但以教师为中心的教学模式有其不足：作为学习主体的学生在整个教学过程中处于比较被动的地位，难以达到理想的教学效果，更难以培养他们的思考能力，促进学生的个性发展。因此作为教师必须要注重教学方式，充分运用现代教育技术，在课堂上进行启发、互动教学，形成"教师为主导，学生为主体"的教学模式。

（一）了解戏剧情节，理清人物关系

了解戏剧情节、理清人物关系是戏剧鉴赏的第一步骤。这里的戏剧情节指的不只是教材选段部分的情节，而是整部戏剧的情节，包括课文选段的前情和后续发展。入选教材的戏剧作品大多是情节较跌宕起伏、一波三折的大部头，不能将节选部分和整部剧作割裂对待，如果学生对前情和后续茫然无知，将无法主动地参与课堂学习，接受新信息，获得新感受。

教师可以采用两种方式来引导学生阅读整部剧作。有条件、有时间的话可以直接播放根据戏剧所拍的经典电影，但这比较费时，也容易使学生的注意力只放在看电影上而不是了解剧情。第二种方式则比较可行。以预习作业形式提前布置学生收集剧情资料，由学生个别展示收集成果，简述戏剧情节梗概。这一做法不仅有助于培养学生收集资料、化繁为简的能力，还能锻炼学生的语言表达能

力,同时切实把握情节脉络,对整部戏剧的情节以及节选部分在全剧中的地位有个总体、系统的把握。

以曹禺的《雷雨》为例,《雷雨》是一部四幕话剧,这四幕戏被安排在夏日某一天的二十四小时之内,按从早到晚的时间顺序发生,戏剧时间和场景都高度集中,但剧情的时间跨度却达三十年。三十年前剧中主人周朴园和鲁侍萍曾是一对恋人,并生有两个男孩;当时的周朴园是富家公子,鲁侍萍是周家侍女,二人地位悬殊,鲁侍萍在大年夜带着刚生下两天的小儿子被赶出周家。课文教材部分是《雷雨》的第二幕,发生在午饭过后,三十年后的"今天"周、鲁在经历了人世沧桑后意外重逢,剧情发展突转,如果学生没能了解三十年前的恩怨,势必无法顺利解读课文节选内容。

大凡优秀的戏剧作品必然登场的人物较多,关系错综复杂。同时,人物之间的关系也是导致戏剧矛盾冲突的最根本因素,所以,理清人物关系也是至关重要的一步。这一步骤可以布置成预习作业,课堂上由学生派代表收集资料自主讲述,其他学生补充修正,最后以图表形式归纳总结,亦可以由教师设计图表,让学生在查找资料的基础上完成图表,用多媒体或板书形式呈现,发挥学生主动性的同时给他们直观、明晰的感受。例如《雷雨》中丫头四凤和少爷周萍的特殊关系、周萍和他年轻的继母繁漪的关系、老爷周朴园和妻子繁漪的关系以及他和侍萍的关系、周朴园和他矿上的矿工(实际是他的亲儿子)鲁大海的关系,这些都是研读课文选段前首先必须把握的。

(二)把握矛盾冲突,抓住"悬念""意外"

把握矛盾冲突,抓住"悬念""意外"是把握戏剧情节发展的关键。人物之间的矛盾冲突即是戏剧冲突,戏剧冲突是戏剧的核心,推动着戏剧情节的发展。戏剧冲突有发生、发展、激化、转化的过程,这就形成了戏剧情节发展过程的不同模式,即戏剧结构。戏剧结构大体有三种,第一种是开放式,即顺时性展开,由起—承—转—合四部分构成。第二种是封闭式,即逆时性展开,剧情按照"突发事件(悬念)—追述—揭开"的过程进行。第三种是卷轴式,即一系列人物、事件不分主次串联起来,如同卷轴画卷般慢慢展开。

以《雷雨》为例,在第一幕中,周、鲁两家八个人物间错综纠葛,"草绳灰线",早已伏下,课文节选第二幕中主要存在周朴园和鲁侍萍之间的爱恨纠葛与周朴园和鲁大海之间的劳资冲突这两对矛盾冲突,两对戏剧冲突同时在这一幕激化,人物之间发展激烈碰撞,人物性格鲜明地凸现出来。这体现了戏剧结构的第二种模式,所以教师应该讲授戏剧冲突和故事情节之间关系的相关知识,引导学生独立思考,以小组讨论形式认真研读;分析选段部分主要人物关系,弄清每一对矛盾冲突分别在哪些人物之间产生,每对矛盾冲突的性质,最终找到促使矛盾激化的剧情转折点;然后进一步重点分析矛盾发展、激化的片段。

(三)揣摩戏剧语言,分析人物形象

揣摩戏剧语言,分析人物形象是戏剧鉴赏指导教学的重要步骤。戏剧语言包括舞台说明和人物台词，两者是一个有机整体。舞台说明在戏剧发展过程中起到渲染气氛、推动情节发展、补充人物对话时的动作神态三个作用。人物台词又是戏剧冲突的外化，因此揣摩戏剧语言应该和把握戏剧冲突有机结合。人物台词由人物的身份、性格制约，不同人物台词反映了人物的不同态度、不同的心理，表达了人物不同的思想感情，展现了人物不同的性格侧面，因此必须仔细揣摩人物的台词，探究台词背后的言外之意（即潜台词）等，进而再分析人物形象。

单纯默然无声的阅读无法展现戏剧的艺术魅力，也不利于学生直观、深入体会人物的心情和性情。所以可以采用个别学生分角色朗读的方式，由教师选取矛盾冲突产生、发展、激发、转化过程的几个关键片段，学生朗读一开始必然不可能尽如人意，可能出现无法拿捏人物语气、语调，或者拿捏不到位的现象，这时，教师就可以鼓励没有参与朗读的学生一起提出朗读意见或者引导朗读者留意此时人物的动作神态，思考人物的潜台词的含义，体会人物的心理状态，接着反问学生应该用什么样的语气、语调来读，在进行朗读指导的时候，不直接指出问题所在，而是引导学生反思自己的问题所在，揣摩出人物的语气语调的同时，也就水到渠成地把握住人物的心理状态。

分角色朗读、反复朗读是品味人物语言的有效方法，也能使学生积极参与课堂，易于实施。在把握戏剧语言的基础上，结合人物行为以及舞台说明交代的人物动作才能从整体上把握人物的形象特征。在经过前几个步骤的累积基础上，通过分析人物动作、行为分析人物性格已非难事。一个人的一个微小的动作，往往能生动地表现人物的某些性格特点。如《雷雨》中周朴园逼繁漪喝药，繁漪不肯喝。周朴园就让儿子周冲劝母亲喝，最后竟让大儿子周萍跪下求继母喝，并声色俱厉地要繁漪在孩子面前做出服从的榜样。他的这一行动充分表现出他专制、冷酷、一心维持家长权威的个性，同时也造成夫妻之间、父子之间的矛盾冲突。

（四）合作参与体验，再现戏剧情节

指导学生以课本剧的形式再现戏剧情节是戏剧教学过程中的二次创作。课内文本教学完成以后，可鼓励、组织学生参与戏剧实践活动，进行课本的编演，在理解课文的基础上，以自己的方式再现剧情。或许存在条件的限制和阅历的不足，但这比学生课堂朗读的感染性大，也有利于创设情境，锻炼学生对文本进行再创作的能力。传统教学习惯于以老师的活动为主体，把学生当成消极接受知识的"容器"，很难引起学生的兴趣，学过的知识转眼成为过眼云烟，不能转化为能力，违背"授人以渔"的教学原则。合作参与体验，再现戏剧情节可以让学生通过亲身经历加深刻印象，不仅可以牢记文本内容，还可以更中肯地把握人物形象和理解戏剧主题。如学习《雷雨》时，可以将全班学生分成导演、演员、舞台设计、评议员四个组，让学生发挥所长，互相配合。导演组精心指导策划剧情，舞台设计自制道具、准备服装，演员组则认真研读半殖民地半封建社会中大家庭里各种身份人物的个性台词，全情投入演绎，评议组成员则收集戏剧相关知识，力求专业客观地对戏剧表演的环节提出指教。

有位教育学家说过，致力于某项创造活动的人，他们的心会变得敏感，目光会变得敏锐，所有的一切都将被赋予创造的意义。以演代教，让学生积极参与到戏剧教学中，领悟文艺作品思想性与艺术性高度统一的特点，领略戏剧的魅力，激发他们对戏剧的热爱之情。兴趣是最好的老师，以演代教，改变过去填鸭式的教学模式，融入其中，深入了解体会戏剧基本知识，在完成基本教学的同时，也会在学生心中播下戏剧的种子。

教育的根本目的是在于培养人，新时期的语文教学也强调学科的人文性，强调语文是要促进人类的发展，最重要的是培养学生健全的人格和个性。新大纲首次提出了"发展健康个性，形成健全的人格"，就不得不使我们的语文教学要关注语文学科中的人文性，回归到人文品格当中去。戏剧恰恰是一门综合的艺术，是多种艺术样式的组合，在一定程度上能够承载起各种文学样式的艺术功能。

新时期的戏剧教学是一个尝试过程，我们既要秉承传统的戏剧教学，运用讲读法、分析法、演示法，但是我们不能以讲代读，也不能忽视文学的教育功能，更要结合新时期的教改精神进行大胆的尝试，最大限度地使语文学科教学回归到真正意义的语文教学当中去。

五、体验探究应把握好"三度"

《普通高中语文课程标准（2017年版）》将体验探究能力的培养，摆在了非常重要的位置，因此，这就要求语文教师在教学过程中要推行探究性教学，着力培养学生的探究能力。然而在现实的教学中,许多老师尽管接受了探究体验性教学的新理念,但在教学实践中对如何开展探究性教学的理解不准确,有的甚至以为探究就是讨论,于是便有了在课堂上满堂讨论,弄得热闹不已,结果学生只是随着走过场,自己的能力丝毫得不到提高。在长期的实践中,我们一致认为在语文课堂教学中开展探究性学习的时候教师应该把握好"三度"。

(一)积极创设探究情境,让学生感受到探究的"温度"

俗话说,兴趣是最好的老师。如果在学习过程中老师没有能够激发学生的学习兴致,那么让学生进行探究便难以实现。所以教师在教学设计上要注意充分调动学生的学习热情,从而激发学生的探究热情,让学生积极主动地参与到阅读中,感知文本,品味文本,进而进行探究并建构起自己对文本的理解。

首先,教师必须设计好预习的内容。预习在高中语文课堂教学中十分重要,它不仅为课堂教学奠定良好的知识基础与心理基础,而且能培养良好的读书习惯。然而,很长时间以来,许多学生对语文课前预习的认识仅停留在读准字音和弄清词语的低层次水平上,学生从知识到能力,从兴趣到自觉性也不可避免地存在着层次上的差异,因而,学生在预习上存在很大的盲目性,预习的效果也不尽如人意。所以教师在教学设计上应该认真设计预习内容,以文本内容为基础,让学生在预习中感知文本的写作背景和文本相关的资料,激发学习的兴趣,为探究"加温"。比如在《宝玉挨打》的教学中，笔者先提出这样一个问题："宝玉该不该打？"要求学生通过上网、上图书馆查阅资料等途径搜集有关贾宝玉的资料。学生搜集到的资料非常丰富，包括了文本故事发生前后的故事链接，还有贾宝玉的人物评价及有关的诗文，进而就我提出的问题说出自己的见解。这样一来，不仅学生的学习兴趣提高了，也为接下来开展探究性教学奠定了基础。所以说，学生只有在老师设计的预习问题的引导下进行"前置性的学习"，了解了有关的背景资料，熟悉了文本内容，具备了浓厚的学习兴致，课堂上提出探究问题才能收到良好的效果。

其次，教师应该采用富有感染力与形象性的语言，增强课堂教学的艺术魅力，使学生从美的语言流动里真正感受和知觉到语言和表达内容的和谐统一，产生心灵的震撼和共鸣，最终激发探究思维的生成。古人云：亲其师，信其道。如果教师没有用自己的独特语言魅力吸引学生、调动学生的学习兴致，那么要让学生认真听讲都不大可能，更不必说让学生进行探究了。

所以，教师在教学设计的过程中，一定要对文本的内容进行深入地分析思考，找准能激发学生学习兴致的切入点，找准能引起探究的兴奋点，积极营造探究的课堂学习氛围，让学生充分感受到文本浓烈的"温度"。

（二）设计好探究问题，在探究中体悟文本的"深度"

高中语文新课标提出阅读教学的目标是：学生能根据自己的特点扬长补短，逐步形成富有个性的语文学习方式。通过阅读和思考，领悟其丰富内涵，养成独立思考、质疑探究的习惯，增强思维的严密性、深刻性和批判性。在这样的前提下，语文课堂的探究问题设计就显得尤为重要。课堂提问的目的是为了让学生思考问题，深化对所学知识的认识，培养学生的思维能力，养成良好的思维习惯。所以，教师要注意学生的思维习惯，摸清学生的学习心理，尊重思维的客观规律，设计好探究的问题，让学生在探究中体悟文本的"深度"，从而达到较好的教学效果。

例如在分析《宝玉挨打》中的故事情节技巧时，在分析了宝玉必然挨打的原因后，我提出了探究的问题："宝玉挨打既有必然的因素，也存在着偶然的原因，请大家分析偶然的原因是什么？"同学们霎时疑惑不解，但马上又相互谈论起来，最后大家讨论后才回答了问题，老师做了总结："宝玉被喝禁在厅上，他料到挨打是免不了的了，连忙托人给贾母、王夫人报信。假想，如果贾母、王夫人此时得信，掀起的巨浪便会一下子平息，读者被吊起的胃口也会顿时放下。相反，高明的作者不但不如此做，反而利用偶然性的因素再来触发，机灵贴身的小厮焙茗不见踪影，好不容易遇到一个老妈子偏又是个聋子。偶然性的因素对必然性的结果起了推波助澜的作用。"学生通过这一问题的思考，对作者在情节设计方面的匠心独运便更为深刻。

为了让学生更深入地了解小说对人物的出神刻画，我提出了这样的问题："宝玉挨打是既定的事实了，然而，从宝玉被打后黛玉和宝钗的不同语言反应可以看出她们各自的性格差异在哪里？"这个问题的设计是在学生了解了宝玉挨打的原委之后的进一步分析，对学生学习分析能力的培养有很大的帮助。学生因为有了预习时对人物的大致了解，于是经过思考讨论后最终形成了以下的结论：宝钗沉稳大方，将对宝玉的痛惜之情表现得情深意长却含而不露。但尽管含情脉脉，也没有忘记"仕途经济"。因此，她的探伤是半规劝半用情，体现了宝钗工于心计、欲露又掩的个性特征；黛玉看到宝玉被打得如此惨重，她内心极度痛苦地劝宝玉"你从此可都改了罢"，并非真的要宝玉悔改，因此她的探伤是真情流露，体现了黛玉感情纯真，能抛弃世俗功利的个性特征。

由此可见，探究问题设计得合适与否将直接影响到探究的效果，所以教师要设计有针对性的问题，并且必须依据教学目的循序渐进地进行。

（三）开展实践活动，拓展探究的"广度"

探究性教学的目标的实现，除了在课堂实施以外，还可以延伸到课外；而且只有延伸到课外，学生的视野也才会更加开阔，思维才会更加活跃，探究的效果也会更加明显。所以，教师在进行课内探究教学的同时，应该引导学生将探究延伸到课外，学会自我的探究。例如在原粤教版必修一第四单元的点击链接环节就要求学生收集中国民间传统节日的诗歌并进行点评。我们在教学中可以从中将探究活动延伸到课外，让学生在搜集中国民间传统节日之外，特别关注本地传统的节日，并且搜集有关节日的民谚歌谣，进一步探寻节日形成的原因及特色，然后形成书面报告在课堂上进行交流。教师除了评价报告自身的质量外，应该给学生每次实践活动过程的各个环节进行评价，随时给学生提出建议，引导其探究习惯的养成和探究质量

的提升。

　　探究是一种能力，也是一种习惯。应该相信随着学生探究性学习习惯的养成、随着学生自主探究经验的不断积累，他们的阅读理解能力和鉴赏水平也会不断地提高，他们学习的主动性也会极大地增强，学生们的阅读将会逐渐走向深刻与成熟。而这对每个学生来说都是十分重要的，也将使他们终生受益匪浅，我想这也是我们语文教学追求的最高境界，也是对每个语文老师提出的最高挑战。

第二章
行——实践篇

一、《祝福》第二节教学实录

师：上课，同学们好。

师：在上一节课，大家从文本的学习中获知，沦为乞丐的祥林嫂在一片祝福声中寂然死了。一个人死了，无非有这么几种情况，一是自然死亡，二是意外死亡，三是自杀，四是他杀。那么，大家一起来探讨一下祥林嫂究竟是属于哪一种死亡？（板书："祥林嫂死了！"）

（同学们互相讨论）

师：请有想法的同学站起来说一说。

生：根据文章的内容，我觉得是他杀。

师：哦，既然是他杀？那么，谁是凶手？（板书："凶手是谁？"）

生：凶手是鲁四老爷。

师：还有其他人吗？

生：还有四婶、柳妈。

生：卫老婆子，还有祥林嫂的婆家人。

师：还有其他人没有？

（学生沉思）

师：我看"我"也脱不了干系。不过我这个"我"可是带引号的，你们别笑话。

师：这么说来鲁镇人统统是凶手？你们这样说有何理由？

生：祥林嫂的死，鲁四老爷是第一号凶手。祥林嫂初到鲁镇的时候，他皱了皱眉，讨厌她是一个寡妇，祥林嫂被婆家抢回，他一句"可恶！然而……"多少带了点支持的味道。祥林嫂再到鲁镇，他说她"败坏风俗""不干不净"，祝福时不让她沾手；就是祥林嫂死了，他还骂她是个"谬种"。他在精神上把祥林嫂一步步逼上了死路。

师：那么大家觉得鲁四老爷是个怎样的人？

生：他是个自私伪善、冷酷无情的人。

生：四婶是一个帮凶。

师：为什么？

生："你放着罢，祥林嫂！"四婶一声喝令，把祥林嫂在死亡边缘挣扎的勇气和希望都给粉碎了。

师：我想你读一下："你放着罢，祥林嫂！"，大家认为这句话是个怎样的句式？

生：感叹句。

师：好，这是从语气上说，从语序上说呢？

生：倒装句。

师：对了。这一倒装，就突出了四婶要祥林嫂赶快放手的迫切心情。这里要注意，感叹号要放到句子的最后，而不是中间。请大家继续说说你们的看法。

生：祥林嫂的婆家人也是杀人犯。他们强迫祥林嫂改嫁，改变了她的命运。

生：柳妈讲阴司故事给祥林嫂听，让她害怕，把她推向了恐怖的深渊。

生："我"没有正面回答祥林嫂关于"灵魂有无"的问题，也有一份罪责。

师：对于柳妈，其他同学有没有不同意见？

生：我觉得柳妈不是凶手。因为她自己也和祥林嫂一样，是鲁四老爷家的帮工，阶级出身决定她的阶级意识，她不会残害祥林嫂的。

生：那她为什么要讲阴司的故事给祥林嫂听？还给祥林嫂出"捐门槛"的馊主意。

生：讲故事是因为她自己也相信，出主意则完全出于善意。

师：从文章看来，柳妈还是同情祥林嫂的。但是同情祥林嫂的人，也把祥林嫂推向了深渊，更显示出悲剧之可悲。就算柳妈是凶手，也是无意识杀人。你们同意我的说法吗？

生：对。

生："我"不是凶手。他是同情祥林嫂，憎恶鲁四老爷的。他只是没有办法救祥林嫂。

师：用历史书上的话来讲，这叫什么？

生：小资产阶级知识分子的阶级局限性。

师：很好！现在还有没有不同意见的？

生：有。

生：我认为祥林嫂是自杀。

师：哦，那请讲讲道理。

生：如果当初祥林嫂不从婆家逃出来，是不是也就不会改嫁？

生：我认为还是会被迫改嫁。就是不改嫁，也会被虐待而死。

生：那她在到鲁镇之后，鲁四老爷家还是收留她的，不让她沾手祝福，她不沾手就是了，她的心理承受能力太差了。

生：这不是心理承受能力差与不差的问题，这是精神打击，比肉体折磨更痛苦。

生：捐门槛也是她自己要去捐的。

生：不捐门槛她会更痛苦。

生：那她沦为乞丐，也可以到鲁镇以外的地方去呀，幸许李镇、王镇什么的，还能让她谋到一份帮工呢！

生：这个难说。"天下乌鸦一般黑"，李镇会有李四老爷，王镇会有王四老爷。

（众生笑）

师：好的。你们刚才争论的这一问题，其实已经牵涉到小说的一个重要问题——当时的社会环境。你们说是不是？

生：是。

师：请大家把小说开头两小节齐读一遍，想一想当时是怎样的一个社会环境。

（生齐读）

生：当时是辛亥革命以后。

师：你怎么知道的？

生：因为鲁四老爷大骂新党。新党也叫"维新党"，辛亥革命前后,用它称呼革命党人和拥护革命的新派人物。

师:注意到了课文注释,很好。

生:文中说"年年如此,家家如此","今年自然也如此",我想是有深意的。

师:你觉得有什么深意?

生:文章说祝福是"鲁镇年终的大典",富人们要在这一天"迎接福神,求来年一年中的好运气",而制作"福礼"的却是像祥林嫂一样的女人,她们"臂膊都在水里浸得通红",没日没夜地劳动。

师:分析得很好。当时的女人除了劳动,还要受到"三权"的统治,大家知不知道这"三权"是什么?

生:神权、族权、夫权。

师:古代女子有"七出",也就是说七种被丈夫休弃的理由。无子当然是一条,生重病也是一条。你看,这是多么可怕的遭遇!这样看来,祥林嫂之死是被杀的是毫无疑问的了,不知道刚才那位同学还有没有意见?

生:原来是这样。

师:可是,我还是想问大家。杀害祥林嫂的元凶到底是谁?大家要认真地分析一下。

生:是封建礼教。

师:为什么是这个?

生:正因为有了封建礼教,鲁四老爷才会那么自私伪善,冷酷无情地逼迫祥林嫂。也正是因为有了封建礼教,柳妈也会在不知不觉中用迷信思想把祥林嫂往悬崖边推了一把。

师:难道祥林嫂没有和命运抗争过吗?

生：抗争过的。

师：请你详细说说。

生：先是逃出婆家，到了鲁镇；后是头撞香案，抗拒改嫁；再又捐了门槛，试图赎罪；最后是问"我"灵魂有无。

师：说得很好。确实是这样，这一"逃"一"撞"一"捐"一"问"构成了祥林嫂追求生活、抗争命运的发展图。可惜的是，她的追求最后还是幻灭了，她的抗争当然也是徒劳的。这是因为，封建礼教害人太深了。正像丁玲同志所说的那样："祥林嫂是非死不可的，同情她的人及冷酷的人、自私的人，一样把她往死里赶，一样使她精神上增加痛苦。"我提议，我们下一堂课公开审理"祥林嫂被杀"一案。届时请同学们对包括罪魁祸首封建礼教在内的凶手提起"公诉"，并下达"判决书"。

师：这堂课就上到这里，下课。

二、《念奴娇·赤壁怀古》教学实录

（一）激趣导入

师：同学们，"00后"的你们可能没看过电视剧《三国演义》，接下来播放《三国演义》的片头曲，请大家留意歌词以及画面内容。

播放《三国演义》片头曲相关视频，歌曲："滚滚长江东逝水，浪花淘尽英雄。是非成败转头空，青山依旧在，几度夕阳红。白发渔樵江渚上，惯看秋月春风。一壶浊酒喜相逢，古今多少事，都付笑谈中。"

师：伴随着"滚滚长江东逝水，浪花淘尽英雄"的曲调，三国时期大批英雄人物依次出现，今天让我们一起来学习与三国有关的作品——苏轼的《念奴娇·赤壁怀古》。

（二）诵读入境

师：同学们，我们知道，语文学习中，诵读非常重要。因为在诵读中可以培养语感，提高我们的感悟能力。今天的学习，就先从读开始。先请一位同学来读全词，明确两个要求，一是读准字音，二是读出情感。

一生读。

师：这位同学读得很流畅。可是有个字读错了。

生："羽扇纶巾"的"纶（guān）"，他读成lún了。

师：另外，这首词是谁写的呢？他是属于哪个派的词人？

生：苏轼，豪放派。

师：刚才《三国演义》这个歌曲如果用细腻婉转的女声来歌唱你觉得如何？

生：不适合，要气势恢宏一点。

多媒体展示。

俞文豹在《历代诗余引吹剑录》谈到一个故事，提到苏东坡有一次在玉堂日，有一幕士善歌，东坡因问曰："我词何如柳七（即柳永）？"幕士对曰："柳郎中词，只合十七八女郎，执红牙板，歌'杨柳岸，晓风残月'。学士词，须关西大汉、铜琵琶、铁绰板，唱'大江东去'。"东坡为之绝倒。

师：苏轼作为豪放派的代表词人，他的词作高亢激昂、铿锵有力,如开头一句"大江东去",很有气势。江,直接用一个"大"字来修饰,有一种横空而来的磅礴气势。我们不是关西大汉,也没有铜琵琶、铁棹板来助势,但我们可以拿出我们的气势,几十个人的声音汇聚在一起,气场全开。另外,除了气势,还要注意抑扬顿挫,"千古风流人物",要稍微重读,缓慢。现在让我们一起来听范读,大家可以跟读,慢慢体会,把准节奏和情感。

播放朗读音频。

学生自由朗读,教师巡视,读读议议,与学生探讨朗读技巧,把准节奏和情感,注意把握其豪放的词风。

师:从刚才的齐读、听读、各自读当中,同学们能否初步感受到这首词的意境、情感方面的大致特点?谁来说说?

生:我觉得这首词意境很开阔,如"乱石穿空,惊涛拍岸,卷起千堆雪",描绘的是一幅壮阔的画面,为下篇写周郎营造了氛围。

生:我认为词上片情感是豪迈的,下片就有些伤感了,特别是"人生如梦"四个字,让人伤感。

师:说得很好,看来同学们读得认真、听得投入。

师:朗读,为我们理解这首词打下一个扎实的基础,但要更准确理解词的内涵、情感和主旨,还需要我们做深入的分析和探究。

(三)精读涵泳

师:开篇"大江东去,浪淘尽千古风流人物"如何来理解?

生：大江滚滚东流去，随着时光的不断流逝，千百年来的风流人物也都不存在了。

师：词中主要写了哪一位风流人物？

生：赤壁之战的周瑜。

师：很好，大家有没有觉得三国演义《片头曲》"滚滚长江东逝水，浪花淘尽英雄"跟苏轼这首词的开篇非常相似，"滚滚长江东逝水"就是"大江东去"，"浪花淘尽英雄"就是"浪淘尽，千古风流人物"。一样不一样？

生：一样。

师：一样呀，好，那么，咱们就用《三国演义》的这两句来代替，把"风流人物"换成"英雄人物"，大家觉得二者相同吗？

生：应该是相同的，都是指杰出的、有成就的人物。

生：不同。"英雄人物"只指在"武勇"一面的表现，"风流人物"应该还包含英雄人物的流风余韵，就像周瑜一样。

师：非常好！请问词中写出周瑜怎样的形象？请从词中找出刻画人物的句子。

生：他很英俊，从"遥想公瑾当年，小乔初嫁了，雄姿英发"诗句可以看出。

师：很好，写周瑜英俊为什么要写小乔呢？

生：美女衬英雄。

师：衬托英雄的什么特点？帅吗？

生：年轻，"小乔初嫁了"。

师：很好，"初嫁"说明小乔刚刚嫁给周瑜，也说明周瑜当时很年轻。但是苏轼是真的"错"了，在指挥赤壁之战的时候，小乔并不是刚刚嫁给周瑜，而是已经嫁给周瑜十年了。赤壁之战是发生在东汉建安十三年，这时周瑜34岁，而小乔嫁给周瑜是建安三年，周瑜24岁。已经不是小乔了，是老乔了。

生：苏轼为什么要这样写？

师：苏轼恐怕不是真的不知道小乔已经嫁给周瑜十年了，苏轼这样写是不是还有其他用意呢？

生：为了突出周瑜在指挥赤壁之战时年纪很轻，从而衬托出周瑜年轻有为，战绩辉煌，令人羡慕。

生：苏轼故意这样写，是不是强调周瑜仍然沉浸在热恋当中？

师：两位同学说得都有道理，苏轼这里故意把建安十三年的赤壁之战，跟十年前周瑜的燕尔新婚放在一块来写，既凸显了周瑜的年轻有为，又突出自己所敬佩的周瑜"风流人物"那"儿女情长"的一面。还有其他的特点吗？

生："雄姿英发，羽扇纶巾"。

师：是。"雄姿英发"描写的又是风流人物的另一面，即英雄气概的一面。那么"羽扇纶巾"说的是"风流人物"的哪一面呢？"羽扇纶巾"实际不是武将的装扮，而是文臣的装扮，《三国演义》诸葛亮就是经常以这种扮相出场。

生：是不是说周瑜有文采的一面？

师：正是！这里表面上写周瑜的外在装扮，其实以此来写周瑜智慧与聪明的一面。

师：还有其他形象特点吗？

生：谋略过人，"谈笑间，樯橹灰飞烟灭"。谈笑之间，敌人就被全部消灭。

师：你说得很对，周瑜是"谈笑间"，曹操的八十万大军就"灰飞烟灭"了。这样写的用意又是什么呢？

生：前面轻松的"谈笑间"，与后面曹军的"灰飞烟灭"，形成了一种强烈的对比。写出周瑜潇洒从容，镇定自若，指挥若定，少年得志。

师：如果说，前面两句"雄姿英发"和"小乔初嫁了"，写周瑜既有刚，又有柔的话，那么后面两句，"羽扇纶巾"与"谈笑间，樯橹灰飞烟灭"，就是写周瑜什么呢？

生：既能文，又能武。

师：好。同学们，这样，我们就已经把"风流人物"解释清楚了。苏轼心目中所敬仰、所向往的，就是要做周瑜那样的刚柔相济、文武双全的"风流人物"。

师：这样的人物，是在怎样的环境出场的呢？请大家读出相关句子。

生：故垒西边，人道是，三国周郎赤壁。乱石穿空，惊涛拍岸，卷起千堆雪。

师：大家想象一下这个画面，是不是先把镜头缓缓转向赤壁，然后用特写镜头拍摄出赤壁之景？请大家抓住动词加以分析。

生："穿"字写出山崖的高峻，"拍"字突出了浪的力度，"卷"字写出波涛的力量。

生："卷"，有翻滚之意，也是形容江水汹涌。

师：是的，这三个动词，从视觉、听觉等不同的角度描写陡峭的山崖、汹涌的骇浪、滚滚的江流，很有力度，非常传神地呈现出一幅有声有色、富有动感的壮丽美景，引发读者的想象,再现了古战场壮丽、波澜壮阔的画面。所以,我们从"乱石穿空"开始,语速要快,要有节奏感,"穿""惊涛""拍""千堆雪"要重读,读出排山倒海的气势来。

师:苏轼最后总结"江山如画,一时多少豪杰",作者写赤壁古战场是为了什么呢?

生:从侧面烘托(板书)周瑜的形象。

(四)合作探究

师:我们再看,苏轼为什么说"人道是,三国周郎赤壁"?苏轼在这里游览怀古的"赤壁",到底是不是赤壁之战的古战场遗址呢?

生:不是,是黄州的赤鼻矶。

师:你怎么知道的?

生:课本注解上有。

师:我们看大屏幕。

三国赤壁,位于湖北省东南部,原名蒲圻县。苏轼所游的是黄冈城外的赤鼻矶,即黄冈赤壁。(屏幕显示)

师:苏轼很聪明,他不敢肯定所游的是不是真正的三国赤壁,所以用"人道是"三字,那是别人说的,不是我说的。那明明不敢肯定到底是不是三国赤壁大战的旧址,却还要说"三国周郎赤壁",这是不是矛盾啊?

生:不矛盾。是不是真正的赤壁并不重要,重要的是要写周瑜。

师:非常好,苏轼写周瑜雄姿英发,年轻有为就只是为了赞扬周瑜吗?请大家找出相关词句,读一读。

生：故国神游，多情应笑我，早生华发。人生如梦，一尊还酹江月。

师：苏轼由周瑜想到了谁？

生：苏轼自己。"多情应笑我"。

师：这一句应该是：应笑我多情。作者为什么要笑自己呢？这个"笑"中包含什么感情呢？请大家看屏幕。

苏轼20岁入京参加科举，21岁中进士，从此名满天下。30岁以前绝大部分时间过着书房生活，之后仕途坎坷，陷入变革派与守旧派的政党之争。43岁（元丰二年）时因作诗讽刺新法，被变格派中的一些小人陷害，被捕下狱，身陷囹圄，即历史上有名的"乌台诗案"，经过四个多月的牢狱生活，终于被释。出狱后（元丰五年）贬官为黄州团练副使。这是个闲职，身份类似犯官，温饱成了问题，他在旧城营地辟畦耕种，游历访古，政治上失意，个人事业与理想变得遥不可及。

生：笑自己老了。

师：我们了解了写作此词的背景后，大家对于词人为什么要写周瑜又会怎样理解呢？

生：写周瑜是为了和自己形成对比。

师：很好，请同学们完成表格并用PPT展示。

（学生填写表格）

周瑜VS苏轼

年龄： 34 → 47

家庭：小乔初嫁→屡遭不幸

外表：雄姿英发→早生华发

职位：东吴都督→团练副使

事业：功成名就→功业未就

师：从作者与周瑜的对比中，可以体会出作者怎样的情感？

生：由怀念周瑜的功业联想到自己的怀才不遇，渴望自己也能做出一番大事业来。

生：想到自己已头发花白，感到无奈。

师：小结：诗人从"神游故国"跌入现实，不免思绪深沉。顿生感慨，而情不自禁地自嘲多情，光阴虚掷的叹惋，壮志未酬，仕途坎坷使诗人过早地苍老，这一切都和周瑜年华方盛，卓有建树形成比照。苏轼这时候的情感是很复杂的。所以他又说："人生如梦，一尊还酹江月。"请同学们再次齐读本词，思考作者感慨"人生如梦"，寄情江月，是积极的还是消极的呢？请大家联系学过的《赤壁赋》谈谈自己的看法。

生齐读。

生：消极的，愤懑无法排解，只好发出"人生如梦"的感慨，借酒消愁。

生：消极的，表达的是词人对自己坎坷身世的无限感慨。

生：积极的，我是从整个诗的格调来理解的。全诗格调比较昂扬向上。

生：结合学过的《赤壁赋》，"盖将自其变者而观之，则天地曾不能以一瞬；自其不变者而观之，则物与我皆无尽也。而又何羡乎"可知苏轼善于自我解脱，一尊还酹江月，寄情山水，比较豁达。

师：大家都很有见地，很好！我也谈谈我的看法，苏轼此时已经47岁了，他被贬谪到黄州，游览赤壁美景，壮丽的江山，英雄的业绩，激起了苏轼爽迈奋发的豪情，同时也加深了他内心的苦闷和思想矛盾。怀有一腔凌云壮志，却空有激情，无法实现，眼看着年华老去，怎么能让人不怅惘呢？但是，苏轼毕竟不是常人，他没有真的消极，人生就如同梦境一般，所有的风流人物都已经随着滚滚的江水东逝去，即使是周瑜这样的风流人物也难以幸免。人生短暂也不能事事顺心，何必过于执着呢？于是把酒祭奠江月，豁然开朗。我们的一生中，难免会遇到这样那样的不如意，有时，困难的出现是无法改变的，能改变的就只有我们对待困难的心态。苏轼在《念奴娇·赤壁怀古》中表达了对坎坷身世的无限感慨，更告诉我们，既然人生如梦，何不放怀一笑，洒脱情怀，旷达人生。

三、《沁园春·长沙》教学实录

第一课时

师：初三时同学们学习过毛泽东的《沁园春·雪》，同学们还记得词的内容吗？

生：记得。

（齐背《沁园春·雪》）

师：好，大家对这首词确实很熟悉。那么接下来，请同学们谈一谈对《沁园春·雪》的认识。

生甲：《沁园春·雪》写作时毛泽东已43岁，这时候共产党已在延安等地建立革命根据地，革命力量得到一定的发展。同时，面对日本帝国主义侵略者的不断侵扰，民族抗日情绪高涨。

生乙：整首词表达词人豪迈的气概、一往无前的革命精神。

师：说得很到位。两位同学把词的写作背景和词人的情感讲得很具体。《沁园春·雪》创作于毛泽东中年时期。今天，我们一起来看看他的另一首词《沁园春·长沙》，看看两首词有什么异同。

昨天大家已经以小组为单位自主学习了《沁园春·长沙》这篇课文，今天我们就来品味文本，共同探讨一下这些问题。

师：首先请不同小组的代表来读一读这首词，看看大家对文本的熟悉情况。

生丙读（总体流畅，但情感贫乏）。

生丁读（初具情感，略显生涩）。

师：朗诵诗词我们应注意的几个方面：字音、节奏、情感。刚才两位同学字音上没有问题，断句也相对合理，流畅度和情感表达上还需下点功夫。从两个小组的代表朗读的情况看，大家对文本还是比较熟悉的。那么，接下来，我们全班同学一起来朗读一遍。我们先把节奏处理好。预备，读

生齐读。

投影1：这首词属于小令、中调、还是长调？

师：好，全班同学朗读起来还是比较有气势的，至于情感表达得是否恰当，我们后面再一起探究。现在，哪位同学来说一说词从字数多少的角度来分类应该是怎样的？这首词属于哪一类？

（生讨论）

小组代表回答：58字以下为小令，59-90字为中调，91字以上为长调。

师：我们初中学过《沁园春·雪》《如梦令》等，大家还记得词的相关知识吗？

（生讨论）

小组代表回答：词有词牌名，如"沁园春"，词牌名决定词的曲调，以便分为上下阕。通常情况下，词牌名后还是词题，如"长沙"。

投影2：同是以《沁园春》为词牌名的词，《沁园春·雪》和《沁园春·长沙》之间有何不同？

师：下面让我们再认真准备一下，同学们自己先诵读这首词。然后再请小组代表诵读。

（各组代表分别诵读）

师：这次在读音、断句方面同学们有了很大的进步，大家觉得还有没有要提高的地方？

生：有。

师：哪些地方呢？

生：感情不够充沛。

生：少了点气势。

师：诶，刚才我们全班读的时候，好像气势很足，人多力量大。但个人读的时候，怎么才能读出气势呢？大声就可以了吗？

生：不是。

师：好，那我们就一起来看看，为什么要有气势，怎么才能读出气势。为什么要带点"劲儿"呢？应该带怎样的"劲儿"呢？

生：因为词里描写的景色很壮观、开阔，读的时候也要读出开阔的感觉。

师：哪些语句写得壮观、开阔？

生：万山红遍/层林尽染/漫江碧透/百舸争流/鹰击长空/鱼翔浅底/万类霜天竞自由

师：让我们慢慢来品析。"万山红遍"中哪些字让这个句子显得壮观开阔。

生："万""遍"。

师：这两个字体现了什么？

生：山多，连绵，壮阔，有视觉冲击力。

师："层林尽染"呢？

生："层""尽"。"层"表现出山树的茂密、茂盛。"尽"是全都的意思，和"红遍"照应。

生：还有"染"，体现出一种画面感，像是画画一样。

师：我们以此可以类推出"漫江碧透，百舸争流"的画面感、壮阔感。还有没其他发现呢？

生："鹰击长空"中用的是"击"，而不是"飞"。

师：作者为什么要这么处理？

生："击"显得有力量，表现出鹰的矫健。

师："飞"为什么就不能表现矫健了呢？

（班级学生就"飞"字纷纷发表看法。）

师：让我们总结一下，"飞"作为描摹动作的一个词，比较概括，不具体，或者说没有针对性，不能准确地表现出雄鹰搏击长空的状态。这是诗人用词准确、精练的表现。这种准确的用字态度，非常值得我们在写作中借鉴学习。

师再总结一下的前面内容:"万"字写出山之多,"遍"字写出江之广,"层"字表现出林木垂迭,"染"字写出岳麓山枫林的壮美,"漫"字写出江水满盈之态,"透"字则极尽碧水清澈之色;一个"争"字道尽大江之上的热闹,一个"击"字活现出苍鹰击空的雄姿,一个"翔"字描写出游鱼自如轻捷的神态。一字传神,妙语连珠,体现出诗人非凡的驾驭语言的能力。

师:上阕写到这里,作者描摹了许多眼前之景,它们开阔、豪壮,充满了色彩感与冲击力。这种被赋予了情感的景物,我们在诗歌中把它称之为"意象"。请各小组找出上阕都有哪些意象好吗?

生交流总结。

(小组代表展示寒秋、万山、层林、碧水、百舸、鹰、鱼等景物。)

师:以上的这些景物,都是作者看到的。那么,作者是以怎样的形象去看这些景物的呢?词中有没有相关的体现?请大家在课后思考这个问题。

师总结:今天这节课我们共同回顾了词的基本知识,扫清了阅读《沁园春·长沙》的文字障碍,品味了上阕壮阔的景色描写,概括了意象。那么作者所要抒发的情感到底是什么呢?我们下一节课再共同探究。

第二课时

课前生齐读《沁园春·长沙》。

师:我们在上节课共同回顾了词的基本知识,扫清了《沁园春·长沙》的文字障碍,找出了上阕的意象,品味了作者精练的语言。下面我们一起就上节课的问题以及本词

的思想情感问题做进一步探讨。

师:作者是以怎样的形象去看上阕写到的那些景物的呢?

生:独立寒秋。

师:独立。作者一个人站在寒秋中看风景,看到的是开阔、壮观的风景。那么,作者此刻可能有怎样的感慨?

生:作者在上阕最后写到"谁主沉浮"。

生:注释里说,"万类霜天竞自由"引发了作者激昂慷慨的心绪。于是引起疑问,是对前文景物描写的总结和思考。同时也引出下阕作者的回忆。

师:既然这样,上阕应该以什么样的语气、语速、语调来诵读,大家应该更能准确把握了。请大家品味后认真诵读。

(生品味诵读。)

师:这次诵读同学们能够读出"气势"了,因为我们对文本的理解更加深入,有助于我们把握情感;而正确的诵读又能帮助我们更深层次地理解体会。

师:请同学快速阅读下阕,概括下阕的主要内容。

(生阅读,小组交流,概括总结。)

生:下阕是作者对往昔的回忆,叙述了青少年时期与少年同学们一起游览湘江,指点江山,激扬文字的历史。

师:总结得非常准确。作者是在什么背景下回忆这一过往历史的呢?哪位同学能跟我们说一下本词的写作背景?

生:1925年10月,毛泽东从韶山前往广东创办全国农民运动讲习所,途经长沙,重游橘子洲。面对生机勃勃的湘江秋景,毛泽东思潮如涌,挥毫作词,艺术地回答了革命领导权的问题。

师:"艺术地回答了革命领导权的问题",那么,革命领导权在哪里?下阕通过对往昔的回忆表明毛泽东具有怎样的情怀?

生:在毛泽东身上。他具有以天下为己任,敢于担当的品格。

生:不畏艰险。

生:敢于斗争,对革命胜利充满信心。

师:同学们总结得不错,这种情怀仅仅在毛泽东一人身上吗?

生:不,还有他的同学们。

生:当时的有志青年。

生:从更大的范围看,任何时期的青年,都要有一种敢于担当,敢于和社会邪恶做斗争的勇气。

师:是的,我们要胸怀壮志,以天下为己任,增强自身责任感,任何时代都需要热血沸腾的青年人,他们是社会进步的巨大推动力。大家还可以看一看词中的这一句"粪土当年万户侯"。怎样理解这一句词呢?

(生沉默。)

师:我们回顾一下,刚才我们讲道,任何时代的青年人都要敢于担当。那这里面的"万户侯"指的是什么?包括在里面吗?

生:"万户侯"指的应该是陈涉讲的那些"王侯将相"。

师:这个联系很好。陈涉讲"王侯将相宁有种乎",表达的是对这些人的蔑视。那毛泽东在这里表达的是相同的意思吗?

师：要理解这一点，我们要把握住"粪土"这个词。如果毛泽东表达的意思跟陈涉的意思相近，那"粪土当年万户侯"怎么理解？

生：把当年万户侯当作粪土。

师：说得非常对。"粪土"这个词在这里，我们要把它理解为动词。蔑视"万户侯"，就更能体现毛泽东的胸襟。大家能否理解？

生：可以。

师：好。那么，那让我们带着一份担当、一份豪情，把这首词的下阕读一遍。

（生齐读。）

师：大家现在可以总结作者要在这首词中表达的思想情感了。

小组交流，展示。

（关键词：革命青年，热爱祖国山河，大无畏精神，以天下为己任）

师：现在，我们来看看作者是怎么安排这首词的写作的。

生：上阕写景，下阕回顾了一些事情，主要是抒发情感。

生：先写景进行铺垫，然后引起作者情感的抒发。

师：我们总结一下全词。

（板书）

上阕主写景，借景抒情　→　昂扬炽烈的革命情怀

下阕主叙事，融情于景　→　奋发进取的信心和力量

师：整首词的景物是充满生机的，表达的情感是豪迈

的。希望我们也能在今后的学习、生活中，砥砺前行，培养自己不怕艰难，敢于拼搏的乐观主义精神以及敢于担当的历史责任感。

四、《望海潮》教学实录

（诵读初品，感知风格）

师：同学们，今天我们来学习一首宋词——柳永的《望海潮》。大家已经预习了课文，现在老师来检查一下，请同学们齐读这首词。

（生集体诵读。）

师：大家读得很不错，节奏准确，字音标准。只是，老师说过，朗读诗歌还要注意什么啊？

生：情感、风格特点。

师：那大家觉得刚才的朗读如何？有没有需要改进的地方？

生：有。上片应该读得大气一点，下片可以稍轻快些。

师：这位同学说得特别好，依照他的建议，老师来朗读一下，大家听听是不是更符合诗歌风格和意境。

（教师范读）

师：大家觉得这么读如何？词的上下片风格一样吗？有什么不一样？

生：感觉上片很大气，壮阔，下片比较……形容不出来。

（生笑）

师：是不是很清丽婉约呢？

生：对对，清新、欢乐美好。

师：现在大家带着对词作的新认识自由诵读，注意读出词的风格特点来。

（生自由诵读后）

师：哪位同学愿意为大家诵读一下这首词？

（一生诵读）

师：大家觉得这次读得好不好？

（生鼓掌）

师：确实好！声音悦耳，情感饱满，体现出了上下片的不同风格。那么这首词究竟描写了什么景象？抒发了什么感情？随着这节课的学习，我们将一探究竟。

（梳理意象，品味意境）

师：昨天已布置大家先去预习，读懂理清文意，理解字词，大家对词作可有疑惑之处？

生："异日图将好景，归去凤池夸"这一句不太明白。为何要归去凤池夸呢？

师：这位同学问得很好，直接问及诗词的写作目的，这也正是我们最终要理解的核心内涵。只是，在解决这个问题之前，老师想请大家先思考这几个问题：夸什么呢？是谁在夸呢？

生：夸"好景"。

师：什么好景？大家能说说吗？

生1："烟柳画桥，风帘翠幕，参差十万人家。"

生2："云树绕堤沙，怒涛卷霜雪，天堑无涯。"

生3："重湖叠巘清嘉。有三秋桂子，十里荷花。"

师：这些景象美吗？

生：美！

师：让你感受到什么之美？

生：风景之美。有柳树，有江潮，有桂花，有荷花，风景优美。

师：说得真好！大家有没有发现，我们的关注点都在自然的美景上，其实，词人笔下的杭州还有其他好景，大家找找看。

生："东南形胜，三吴都会，钱塘自古繁华。"

师：这一句似乎不是写景，你怎么认为它也是"好景"呢？它写出了杭州的什么"好"来？

生：地理位置好，而且历史悠久，繁华。

师：是的，杭州自秦朝设县治以来已有2200多年的历史，曾是吴越国和南宋的都城。三吴指吴郡、吴兴、会稽，泛指今江苏南部和浙江的部分地区。这一句说的正是杭州地处东南要冲，是历史名城，自古以来便很繁华富庶。也就是说，杭州不仅自然景观美——

生：而且人文景观肯定也美。

师：对啦！那么你还能找到其他描绘人文景观的句子吗？

生："市列珠玑，户盈罗绮，竞豪奢。"

师：这一句突出杭州什么特点？

生：繁华富庶。无论是市场还是百姓人家都很豪奢。

师：一座城市的繁华除了表现在财富上，还可以表现在哪些方面？

生：人口，人得多。"参差十万人家"，杭州人多。

师：对。经济的繁荣当然得依托于人口的兴旺。还有吗？

生：百姓生活好，安居乐业。

师：哪些句子写到百姓的生活？

生："羌管弄晴，菱歌泛夜，嬉嬉钓叟莲娃。千骑拥高牙。乘醉听箫鼓，吟赏烟霞。"唱歌、泛舟、喝酒作诗听音乐，自由自在，特别快乐。

师：好的，大家鉴赏得特别好！我们能不能把这些"好景"概括一下？

师、生：地理位置好，自然风景佳，都市繁华，民生安乐。

（板书）

师：这简直就是——

生：人间天堂！

（笑）

师：刚才，我们简单地梳理了"夸"的内容，初步领略了杭州的"好景"，只是，要说这景究竟有多好，却是说不上来。民间有传说，金国的完颜亮听到了"重湖叠巘清嘉，有三秋桂子，十里荷花"一句，就下定决心攻打宋朝。当然，传言不足为信，但也说明了柳永确实把杭州的美景写活了。请大家以三位为一小组，选出你们认为作者写得最好的一句与大家分享，并说说你们的看法。

小组1："烟柳画桥，风帘翠幕，参差十万人家"一句很好。

师：怎么说？

小组1：很美，像一幅画一样，那种苏杭特有的小桥弯弯、流水潺潺，两旁柳树成荫、房屋参差交错，可能还有小酒楼，各家各户挂着帘子随风摇曳，闲适、淡雅。

师：真是一位锦心绣口的同学！描绘得真好！正是这种淡雅的江南味道。那你有没有觉得哪个词描绘景象特别恰当？

小组1："烟柳"。

师："烟柳"一词让我们想起了"况阳春召我以烟景，大块假我以文章"，大家觉得这两个"烟"字是不是很像？

小组1：都写出了春日水汽氤氲，树木茂盛，望上去朦朦胧胧，如烟似雾的样子。

师：大家记忆力真好，鉴赏得也很到位，能把以前学过的知识活学活用，很好。这一句中还有其他字用得好吗？

小组1："风帘"的"风"字。写出了帘子在清风中随风摇摆的样子。

师：换成"珠帘"好不好？

小组1：好像也很美。（笑）

师：总有些区别吧？品一品。

生：风吹拂下的帘子是动的，珠帘没有这种动态美感。

师：有了这个"风"字，杭州的美景被写活了，我们好像也沐浴在和煦的微风中，这风景，不仅有视觉的，似乎还有触觉的。其他小组的同学还有喜欢哪一句的吗？

小组2：我们觉得"怒涛卷霜雪，天堑无涯"这一句很好，很有气势。

师：这种"气势"从哪里体现出来？

小组2："怒"字，"卷"字。

师：用"怒"字写江涛，突出江涛什么特点？

小组2：用拟人手法，写江涛滚滚而来，汹涌澎湃。

师：大家看过钱塘江大潮吗？滔滔江水有如千军万

马,排山倒海奔涌而来。一个"怒"字不仅让我们看到了江流澎湃之景,而且听到轰鸣之声。那"卷"字又好在哪里?

小组2:"卷"字形象地描写了江涛撞击堤岸波涛翻滚的样子,很有力度。

师:对,这是一种力量之美。短短一句话,从视觉、听觉两个角度描绘出钱塘江大潮的雄伟壮观。由于时间的关系,咱们没办法让更多的同学来分享他们的看法,实在很遗憾。但是,我们可以用手中的笔、诗化的语言把你喜欢的词句描写出来,这个任务留待大家课后完成,后面我们再一起来展示分享。

师:回到咱们刚才的第二个问题上来。词人说"归去凤池夸",那么是谁归去凤池呢?

生:柳永。

师:是柳永吗?凤池是哪儿呢?

生:(结合注释)指朝廷。

师:柳永写这首词的背景大家知道吗?预习时是否注意到?哪位同学给我们介绍一下?

生:我查找资料得知,这首词是柳永写给他的朋友杭州资政殿学士、杭州知州孙何的,是首干谒诗。

师:干谒诗这个说法很正确。根据《古今词话》中记载:柳耆卿与孙相何为布衣交。孙知杭州,门禁甚严。耆卿欲见之不得,作《望海潮》词,往谒名妓楚楚曰:"欲见孙相,恨无门路。若因府会,愿借朱唇歌于孙相公之前。若问谁为此词,但说柳七。"中秋府会,楚楚宛转歌之,孙即日迎耆卿预坐。(ppt呈现)从资料看,柳永是想借这首词作得见老朋友一面，结果确实也如他所愿。为什么这首作品能打动他的朋友？是因为他笔下的杭州很美吗？

生：是，杭州风景美，词人描绘得也美。

师：是的，描绘生动，用笔传神，优秀的作品自然能打动人。还有别的原因没？写杭州百姓生活安居乐业、城市繁荣富庶又是为何？

生：哦，歌颂孙何治理有方，写杭州好就是写地方长官优秀。

师：对啦！所以，究竟是谁归去凤池夸呢？

生：孙何！诗人想象孙何去到朝中向同僚介绍杭州时的自豪之情，其实就是表达他对孙何的夸赞。

师：非常好！只可惜啊，孙何请柳永吃了一顿饭，就把他打发走了，也没有怎么提拔他。不过，因为干谒，柳永为后世留下了一首不可多得的词作，自创了《望海潮》这个词牌，发展了慢词，为词坛的繁荣贡献一分力量。让我们带着全新的理解和感情再来读一读这首词。

（生有感情地朗诵）

（联系拓展，强化理解）

师：学习了《望海潮》，大家是否觉得这首词与我们印象中的柳永词截然不同？比如《雨霖铃》。

生：《雨霖铃》很悲伤哀婉，这首不会。

师：可见柳永的创作是多面的。有人说，读柳永，一读《鹤冲天》，识得柳永傲骨肝胆；二读《定风波》，识得柳永恣荡真情；三读《雨霖铃》，识得柳永婉约缠绵；四读《望海潮》，识得柳永大家手笔；五读《八声甘州》，识得柳永唐人气象；最后读《戚氏》，识得柳永一生凄凉。这也给

我们一个启示——我们读一个人的作品，不能总是带着惯有的认识和思维去理解，而是要抓住意象，分析意境，品味感情。好了，咱这节课就上到这里，请大家课后就词中你最喜欢的词句写一段诗化的文字，我们下节课分享交流。

五、紧扣任务，明确身份

任务驱动型作文情境身份写作指导课堂实录

1. 导入

我们刚刚把同学们上一次作文本发还给同学们了。我们这节课将通过认识高考任务驱动型作文情境身份的写作要求，对我们本次作文出现的问题进行认识并修改。

首先，我们来看这几个作文题目。看看这些作文题目中的情境身份都是谁？

【2018年全国1卷作文】

2000年农历庚辰龙年，人类迈进新千年，中国千万"世纪宝宝"出生。

2008年汶川大地震。北京奥运会。

2013年"天宫一号"首次太空授课。

公路"村村通"接近完成；"精准扶贫"开始推动。

2017年网民规模达7.72亿，互联网普及率超全球平均水平。

2018年"世纪宝宝"长大成人。

……

2020年全面建成小康社会

2035年基本实现社会主义现代化

一代人有一代人的机遇和机缘、使命和挑战。你们与新世纪的中国一路同行、成长，和中国的新时代一起追梦、圆梦。以上材料触发了你怎样的联想和思考？请据此写一篇文章，想象它装进"时光瓶"留待2035年开启，给那时18岁的一代人阅读。

【2019年全国1卷作文】"民生在勤，勤则不匮"，劳动是财富的源泉，也是幸福的源泉。"夙兴夜寐，洒扫庭内"，热爱劳动是中华民族的优秀传统，绵延至今。可是现实生活中，也有一些同学不理解劳动，不愿意劳动。有的说："我们学习这么忙，劳动太占时间了！"有的说："科技进步这么快，劳动的事，以后可以交给人工智能啊！"也有的说："劳动这么苦，这么累，干吗非得自己干？花点钱让别人去做好了！"此外，我们身边也还有着一些不尊重劳动的现象。

这引起了人们的深思。

请结合材料内容，面向本校（统称"复兴中学"）同学写一篇演讲稿，倡议大家"热爱劳动，从我做起"，体现你的认识与思考，并提出希望与建议。要求：自拟标题，自选角度，确定立意；不要套作，不得抄袭；不得泄露个人信息；不少于800字。

【2020年广州调研考作文】2020年秋季高一的学生将使用新的高中语文统编教材，在新的高中语文教材编写过程中，设定哪些单元主题，选择哪些作品，才能使语文学习更符合新时代立德树人的要求，曾引起广泛讨论。有网友列出以下主题，供大家探讨：

生命赞歌　家国情怀　审美鉴赏　科学之趣

文化传承　英雄情结　思辨创新　自然之美

请从中选择两个主题，并结合学过的语文课文，以即将毕业的高三毕业生身份，给高中语文教材主编写一封信，表达你对语文教材与高中学生良好品格养成的认识与思考，署名为"辛昇"。

要求：选好角度，确定立意，自拟标题；不要套作，不得抄袭，不得泄露个人信息；不少于800字。

【2020年湖南省模拟考试作文】2020年江苏省共有34.83万考生，白湘菱同学以430分一举获得江苏省文科第一名。然而选修科目政治是A+，历史却考了一个B+。许多名校在江苏招生除了高考分数要求外，还严格要求选修双A+。此事一经公开，立即引发激烈的争论。有人希望名校"不拘一格降人才"，破格录取白湘菱；也有人说招生还是要按录取规则，规矩不应视同儿戏。

对此，你有什么看法？请你撰写一篇发言稿，在班级的"每周时评"讨论会上发言，表明你的态度，体现你的思考和理解。

要求：确定立意，自拟标题，自选角度；不要套作，不得抄袭；不得泄露个人信息，不少于800字。

【2020年山东省模拟考试作文】"手机该不该进校园"一直存在争议。有人说，学生玩手机会分散注意力，干扰教学秩序，影响学习和集体生活质量，还可能接触到不良信息。也有人说，手机可以作为学习工具，辅助教师教学，培养学生的自控能力是学校职责之一，不能一禁了之。还有人认为，课堂上和课余时间应该区别对待。对此，文德中学准备召开座谈会，广泛听取学生、教师、家

长代表的意见,然后再决定是否出台相关规定。

请结合材料内容,在学生、教师、家长中任选一种身份,写一篇发言稿,阐述你的观点与思考,并提出希望与建议。

师:好,请同学们思考,这几个作文题的共同点是什么?——对,可以看到,这些题目中都设置了情境身份。我们一起将这些身份点出来。

生:第一个作文题目的情境身份是跨世纪一代。

生:第二个作文题目的情境身份是复兴中学学生。

生:第三个作文题目的情境身份是即将毕业的高三毕业生。

生:第四个作文题目的情境身份应该是某班学生。

生:第五个作文题目的情境身份应该是多个的,可从学生、教师、家长中任选一种身份,这一点在作文要求中体现很具体。

师:说得很对。那么,作文设置情境身份有什么作用呢?我们在写作时又该如何体现这一要求呢?下面,请大家一起读这段话。

"任务驱动交际语境写作与传统文章写作的最大不同在于写作文不是自顾自地'自我表达',而是一个'与人交流'的过程。写作文是有现实的或心理的情境或语境,有真实的或拟真的交流对象、目的、功能的。写作文不仅是所谓的字词句段组合,而是一种实实在在的'书面交流'。语言表达的目的在于交流。为了准确有效地交流,设置这个写作任务的交际语境要素至关重要。"——荣维东

师:我们要明白,现在的高考作文比较强调交际语境,这里面包含了几个要素:读者(写给谁?)、内容(写

什么？）、目的（要干嘛？）文辞（怎么写？）

2. 问题及突破策略一

今天，我们将阅读一些高考作文题和其相应的示范片段，在老师的引导下，同学们自己体悟其中的问题和策略，用体悟到的知识去解决我们在这次作文中遇到的问题。

首先我们来看前面作文题及其相关片段。

示范片段：

【2018年全国1卷作文】

把握机遇　直面挑战

2035年的青年：

你们好！

我们是庚辰龙年出生的跨世纪一代，你们是沐浴在新时代春风中成长的一代。我们与新世纪的祖国一路成长，你们与新时代的中国一起圆梦。我对我的时代怀有热烈的自信与骄傲，也对你们的时代、我们的未来充满期待。

我们的时代，是把握机遇的筑梦时代。……

我们的时代，是直面挑战的克难时代。……

你们的时代，是勇于创造的新时代。……

万水千山，祖国与我们同在。我们与你们，时代不同，挑战各异，但不变的是拳拳赤子之心，是对中国梦的向往与追求。作为新时代的青年，当如朝阳，如春风，尽力奔跑。"不要人夸好颜色，只留清气满乾坤"。筑梦圆梦，我们与你们，永远在路上。

跨世纪一代
二〇一八年六月七日

示范片段：

【2019年全国1卷作文】

这是一个新时代，这是一个复兴的中国，正如我们的校名——复兴中学。空谈误国、实干兴邦。幸福生活、民族复兴必然是靠奋斗出来的，而不屑劳动，何谈奋斗？因此，热爱劳动吧，从你我做起，从身边的每一件小事做起，从打扫教室卫生开始，从帮忙家务做起。因为，知而行之，劳而获之。——《知而行之，劳而获之》

师：好，现在我们来分析分析示范片段如何落实情境任务。在此之前我们要解决的问题便是，这道作文题的情境身份要求是什么？

生：是与新世纪的中国一路同行、成长的我们。

师：这个信息提取得好。那么，作文片段是如何体现这一点的？

生：示范片段1中的情境身份是在第一段直接说"我们是庚辰龙年出生的跨世纪一代，你们是沐浴在新时代春风中成长的一代。我们与新世纪的祖国一路成长，你们与新时代的中国一起圆梦"，是直接点明的。在结尾也点到了自己的身份。

师：直接点明。那作文题2呢？

生：材料中要求"面向本校（统称'复兴中学'）同学写一篇演讲稿"，所以示范片段里是直接点明自己是复兴中学的。

师："复兴中学"要直接点明，那是否只点明复兴中学的学生就可以了呢？

生：还要点出一个青年学生，复兴中学的学生，要升华一下。

师：升华一下就可以了。那如何升华呢？和什么相勾连进行升华呢？

生：演讲稿。

师：演讲稿的内容是什么呢？

生：热爱劳动。

师：对，和材料的核心内容"热爱劳动"勾连起来。中华民族的伟大复兴梦要靠劳动实现，而对劳动的错误观念将阻碍复兴梦的实现，因此要将两者勾连起来。

现在我们明白作文片段里的问题是什么了吗？

生：身份不明确。

师：不是不明确，是压根没有呀。这叫"情境身份缺失"。

好，现在根据我们对问题一的认识和突破，修改自己发言稿中"情境身份缺失"的问题。

3. 问题及策略二

我们现在进入问题二，我们的突破策略依然是研读高考作文题及优秀片段。下面是2020年山东新高考模拟卷的作文题目，对情境身份有要求。老师选择的三个示范片段是怎么落实这个情境身份的呢？

【2020年山东省模拟考试作文】

"手机该不该进校园"一直存在争议。有人说，学生玩手机会分散注意力，干扰教学秩序，影响学习和集体生活质量，还可能接触到不良信息。也有人说，手机可以作为学习工具，辅助教师教学，培养学生的自控能力是学校职责之一,不能一禁了之。还有人认为,课堂上和课余时间应该区别对待。对此,文德中学准备召开座谈会,广泛听取学生、教师、家长代表的意见,然后再决定是否出台相关规定。

请结合材料内容,在学生、教师、家长中任选一种身份,写一篇发言稿,阐述你的观点与思考,并提出希望与建议。

示范片段一:

手机进校园容易滋生一系列问题,影响学校高效管理。"作弊""早恋""网游"号称学生校园生活的"三座大山",翻越过去,"万紫千红总是春"。可是,又有多少学生没被"排山倒海"的题海击败,却被一部手机打得落花流水,一败涂地。当不劳而获弄虚作假的作弊"梦想成真",当"日日思君不见君,共通电话线"成为现实,当"琅琊""神戒""龙符"打打杀杀照进课堂,必然会导致学风不正、校风日下,影响学校日常管理效率,也必将影响到学校的发展大局。——《手机不该进校园》

示范片段二:

手机的不当使用正在影响着我们健康人格的形成。我看到,有一些同学在平时写作业时都要依赖手机查阅答案,完全放弃了自己独立思考的机会,甚至有些同学忍不住会在考试时作弊。这些行为不仅会贻误我们的学业、败坏学风,更会造成我们自身诚信的缺失,不利于我们人生观与价值观的培养,严重地冲击我们的诚信大厦。因此,作为文德中学的学生,我们应该如校训所说的"崇尚文明、培育德行",而不是在没有加强管控能力时就先给自己

一个巨大的诱惑,皮之不存,毛将焉附?——《手机不该进校园》

示范片段三:

作为家长,其实我对手机的心情很复杂,一方面怕孩子光玩耽误学习,熬坏了眼睛,损害了身体;另一方面,又希望能利用手机多和他们进行感情上的联系。孩子玩手机有时确实难以自控,为此我也曾暴躁不安,摔坏了几部手机。看着孩子对手机的痴迷和贪恋,看着孩子因为玩手机而眼镜度数越来越深,我们做家长的真是心疼不已。但我和他母亲平时工作忙,孩子平时的日常起居由家里老人照顾。老人不会用手机,于是给孩子配了个手机,便于联系。看到孩子的学习有点跟不上,于是又给他报了辅导班,去辅导班路上的安全,以及作业的布置和反馈,也都离不了手机。现在上高中了,周末回去的时间也短,平时有问题总想及时联系上他,表示我们的关心。做家长的各种滋味,一言难尽呀!——《关于手机进校园的一点意见》

师:首先,我们了解一个词——观察角度。观察角度就是从情境身份的眼光来看这个手机事件。明白吗?你看这三个片段有没有标明自己的身份?

生:没有。

师:那我们能不能猜出来是哪个身份写的呢?

生:片段1是老师,片段2是老师,片段3是家长。

师:那说明片段里的身份还是明显的呀!这是因为三个示范片段的观察角度是从发言人自己的角度来看待这个手机事件的。那这几个片段的观察角度是如何通过文本呈现的呢?

生：片段1第一句话就说"手机进校园容易滋生一系列问题，影响学校高效管理"，这里我就看出应该是教师的观察角度。片段2前面就说"手机的不当使用正在影响着我们健康人格的形成"，称谓"我们"，还有"我看到"可以看出。片段3就直接点出家长身份，还有对孩子的称呼，还有家长的特殊经历。

师：也就是说，写作时，你的观察角度要通过文字清楚表现出来，尤其是在段首句。但这还不够，我们在前面直接点明的基础上，还要在具体内容上表现你的情境身份。

下面我们来分析示范片段里再现了哪些场景画面，也就是说，这三个身份分别用了说明事件来写自己的观察角度。

生：片段1是从校园管理看到了"作弊""早恋""网游"等问题，这是教师从管理的角度观察到的；片段2用学生的日常生活，手机对学生做作业和考试作弊的影响；片段3用手机在家庭生活中的事件或者现象。

师：这个分析很清晰很到位。就是说你的情境身份不但要点明，还要有足够的内容来表现你的情境身份。

现在明白我们的问题二是什么了吗？

生：情境身份不清楚。

4. 小结

因时间关系，同学们在课后针对问题二，对你们的发言稿进行修改。修改时要注意做到以下两个要求：①概括一个观察角度；②再现两个身份场景。

我们为这节课小结一下：写作是特定语境下的书面表

达。写作文时要注意情境身份，然后在开头结尾落实情境身份，并且在内容中表现情境身份。情境身份一旦缺失，作文分数也就上不去了。同学们在写作时一定要注意这个问题。

六、《题好一半文》教学实录

"让议论文的标题活色生香"作文教学课堂实录

师：同学们，在考场上，为自己的作文拟一个恰当且优美的标题，既能展示自己的个性与文化修养，又能让阅卷老师快速抓住你的写作中心。古人云："题者，额也；目者，眼也。"也就是说，作文的题目犹如一个人的前额和眼睛，占据着非常重要的作用。而高考阅卷规则中规定"不拟写文题扣2分"。实际上，由于第一印象不好，如果不拟文题或拟题不当，其隐性失分绝对不止一两分。

师：在我们平时的写作中，同学们在拟写标题时一般存在以下问题：有的照抄话题，误把话题当作标题；有的标题涉及的范围过大，太宽泛，没有针对性；有的标题过长、松散、凌乱；有的标题缺乏新意、俗气；有的标题缺乏联想……那么一个好的议论文标题有什么标准呢？同学们说说看。

生：我觉得应该要准确表达材料的意思，简短一点且要善于运用修辞手法。

师：很好。还有吗？

生：我觉得要紧扣材料，标题应该能概括材料的内容。

师：不错，扣题是写作的第一要务。"题好一半文"，标题拟得如何，直接关系到作文的质量，影响到作文的艺术感染力。老师简单总结一下，写作议论文，一个好标题一般有如下特征：能概括内容或表明话题，即有内容；题目表明作者褒贬，即有色彩；表达准确、简短、运用修辞，即有文采。

师：标题应该紧扣文章内容，让人对文章内容一目了然。在有材料的作文中，标题应切合材料的内涵，或抓住材料的中心话题。标题要鲜明地表达作者的观点、态度。标题要让人耳目一新，激起阅读兴趣。标题应含义丰富，耐人寻味，又应富有启发性。

师：一个好的作文标题会成为一道亮丽的风景线，能先声夺人，让阅卷老师一见钟情，我们的作文分数也可能随之提高。那么，怎样才能让议论文标题新奇别致、别出心裁呢？我们先来看看《人民日报》的评论标题有哪些特征或技巧。

①让妲己代言周原，历史岂容如此轻慢？
②救护车抓拍违法，别当生命的绊脚石
③居民断水半月，负责人哪来的霸气？
④把城乡区域发展短板变成"潜力板"
⑤地方官约谈降价房企，要逆势操作？
⑥航班备降，人怎说是"浪费生命"？

师：同学们看看，这些标题有什么共同特征？

生：这几个标题都运用了反问或比喻等修辞手法。

师：是的，那运用反问或比喻的修辞手法，有什么好处呢？

生：运用反问可引人深思，运用比喻可使语言优美，

形象生动。

生:这样写,可以让读者与作者产生情感上的共鸣,具有极强的感染力。

师:嗯,你们对这些标题的特征总结得很具体,对这些标题的表达效果评点得也很到位!其实,拟写标题除上述所运用的反问、比喻修辞手法以外,还可以运用拟人、夸张、对偶、双关、对比、呼告等修辞手法。运用修辞手法拟写这些标题有哪些表达效果?

生:采用修辞手法拟写作文标题,可以使标题生动、鲜明,含蓄隽永,余味无穷。

生:可以使文章既有诗情,又有画意。

生:可以使标题具有文化的香味。

师:说得很好!我们再来看一组标题,看看它们又有什么特征:

①坚定正确航向,驶向宽广天地

②兴文化,书写中华民族新史诗

③"以房养老"无关惠民,关乎选择

④以创造之教育培养创造之人才

⑤从"平'语'近人"中读懂总书记深沉情怀

⑥让城市留下记忆,让人们记住乡愁

⑦民营运载火箭终将一飞冲天

⑧心中有爱,方能遇见更好的自己

⑨激扬自主创新的志气和骨气

⑩进博永不落幕,发展永无止境

生:像"民营运载火箭终将一飞冲天""进博永不落幕,发展永无止境"这些标题,引用了新闻材料的关键字，鲜明地表达出观点。

生：有的标题直接表明作者的褒贬色彩，如"让城市留下记忆，让人们记住乡愁""心中有爱，方能遇见更好的自己"等。

师：是的，确实如此。还有吗？

生：有的标题具有思辨性，像"心中有爱，方能遇见更好的自己""兴文化，书写中华民族新史诗"。

师：很好！

生：有的标题具有号召性，比如，"激扬自主创新的志气和骨气"。

师：同学们对上面标题的特征概括得很到位。有的标题顺着新闻材料的话题，进行了深化、探究，比如"以创造之教育培养创造之人才""进博永不落幕，发展永无止境"。有的标题具有一定的思辨性，体现了一种辩证思维，提醒我们从事物的不同侧面来思考和分析，并进行多角度的审视。有的标题体现了作者的感情色彩，爱憎分明尽在标题里。

拟写标题如同写作文，没有定法，但是有法。除上面这些方法之外，下面我再来介绍几种拟写标题的方法。

师：我们可以采用引用法。就是引用或者化用古诗文名句、名言警句、成语、术语、歌词、广告词、文学作品……这样做往往能化俗为雅、化拙为巧，增强文章的文化气息，彰显作者的人文素养。借他山之石，来包装润色自己文章的标题，如《似曾相识燕归来》《士不可不弘毅》《别拿诚信当饭吃》《少年担责去拿云》《若为成功故，奋斗不可抛》等。

师：我们也可以运用改装法拟题，对中外文学名著、影视剧名、名言警句等进行机智改装，旧瓶装新酒，别出心裁，给人以耳目一新的感觉。如"若为成功故，奋斗不可抛"就是采用改装法，它化用裴多菲《自由与爱情》中的"若为自由故，二者皆可抛"，简洁凝练，耐人寻味。

师：我们也可以用标点法拟题，如"寒夜·微光·家"等。标点符号是无声的语言，用它来拟写标题，清新活泼，形象生动，往往留给人广阔的思维想象空间。运用数字法拟题，如"35℃关怀"，用代数式的形式来显示所要表达的宗旨，具有直观、醒目、富有哲理、吸引人的特点，往往能收到出奇制胜的效果。

师：同学们，现在我们实操一下。请大家认真阅读下面的作文材料，确定立意后，每个人拟写1个你认为最好的标题，我们投票选出最佳标题。

【作文题】某大报最近报道了两则有关文化的新闻：

新闻一：美国总统特朗普的外孙女阿拉贝拉唱中文歌曲、背《三字经》和古诗，习近平主席认为"可以打A+"；美国金融大鳄罗杰斯的女儿普通话发音标准、吐字清晰，被网友称赞"有成为中文播音员的潜质"。

新闻二："起大早，排长队，大门一开冲前位。"这样的景象，最近发生在了故宫年度大展《千里江山——历代青绿山水画特展》上，"冲刺"看名画的"故宫跑"，再次成为热词。

读了以上两则新闻，你有怎样的感触与思考？要求综合材料立意，选准角度，自拟题目，写一篇不少于800字的文章，文体不限，不得抄袭。

（学生拟写完后自愿把标题写到黑板上）

师：现在开始投票。

学生投票得出的高票标题："重拾文化自信，传承传统文化"；"承中华文化，扬中华精神"；"以中华文化为名片，扬中华民族之昌盛"；"壮我中华文化，兴我华夏之邦"；"一曲文化，一笔自信"。

师：同学们，思考一下这些标题为什么能够获得高票？

生：这些标题都紧扣材料的内容，有的放矢，一目了然。

生：这些标题都切合了材料的内涵，抓住了材料的中心话题。

生：标题鲜明地表达了作者的观点、态度。

生：这些标题大多运用对偶的手法。

师：是的，我们写作的切入口要小，可以采用以小见大的手法来写作。这些标题基本符合我们拟写好标题的标准：能概括内容或表明话题，即有内容；题目表明作者褒贬，即有色彩；表达准确、简短、运用修辞，即有文采。

师：希望同学们以后写作时注意拟好标题。好，下课！

七、锤炼思想，为文字添彩

写作中为文字添彩"四法"课堂实录

师：同学们，本学期至今我们已经写了8次作文。同学们对作文结构的掌握，对题目的解析都已经有比较成熟的理解。在我们掌握以上两个方面，在保证作文结构合理、中心明确突出之后，我们还得提高最后一项技能，这便是

写作语言。写作中语言的运用具有特殊性。一方面语言是表达思想和主题的手段，一方面写作语言是作者和读者交流的直接方式。优美的写作语言能让读者在阅读时产生美的喜悦，更能达到写作的目的。下面，我们就提升文采进行几点讲解。首先，请大家思考一下下面句子的奇特之处。"在我的后园，可以看见墙外有两株树，一株是枣树，还有一株也是枣树。"——鲁迅《秋夜》

生："一株是枣树，还有一株也是枣树"，这里面有反复的用法。

师：说得对。那请大家再思考一个问题，在这里使用反复有什么特殊用意。

（生沉默）

师：要理解其用意，我们自然要能理解《秋夜》的写作背景和思想。在这里我简单介绍一下。

《秋夜》是现代文学家鲁迅于1924年创作的一首叙事兼抒情的散文诗。作者采用象征手法，赋予秋夜后园中不同景物以人的性格，代表不同类型的社会人物，"奇怪而高"的天空象征着压迫和摧残进步力量的势力，在冷的夜气中瑟缩做着"春的到来"的梦的小红花象征着善良的弱者，耸立在后园的两株枣树，象征着与黑恶势力抗争的进步力量。通过对这些景物的含蓄描绘，表达了鲁迅对恶势力的抗争和愤怒，对英勇抗击恶势力的革命者的崇敬和赞美，也表达了自己与恶势力作韧性战斗的意志。

师：现在，我们是否能简单理解一下"一株是枣树，还有一株也是枣树"的用意？

生：两棵树带有象征意味，一棵写完再写一棵，既突出其孤独，又突出他们的坚强。

师：有这方面的意思在。在这里给大家看这句话，是想告诉大家，有些情况下，我们语言的运用能取得意想不到的效果。下面，请同学们用100字左右的内容描写"忐忑"的心情。待会请同学们上台分享。

（生写作并分享）

师：刚才几位同学分享的文段，同学们有什么评价呢？

生：有同学能借助环境描写侧面烘托心情。

生：有同学将人物内心的思考和神态等方面写得很具体。

生：画面感很强，听着那些文字我都感觉自己的心跳得很快。

师：点评挺到位的。在写作中，恰当的文字确实能让读者有身临其境的感觉。那么，文字究竟有何妙处，如何更好地传达写作者的思想，我们接下来看鲁迅的另一段文字。

"惨象，已使我目不忍视了，流言尤使我耳不忍闻。我还有什么话可说呢？我懂得衰亡民族之所以默无声息的缘由了。沉默呵，沉默呵！不在沉默中爆发，就在沉默中灭亡。"——《记念刘和珍君》

师：请同学们一起阅读这段话，然后思考该语段的妙处。

生："沉默呵，沉默呵"使用重复的手法。

生：使用设问的手法，自问自答。

师：有没其他角度的解读呢？这个文段中"目不忍视""耳不忍闻"等词语超乎寻常使用。"惨象，已使我目不忍视了,流言尤使我耳不忍闻"这一句话与"我目不忍视惨象了,我耳不忍闻流言"有何区别吗?

生:主语不一样。第一句主语是"惨象"和"流言",改后的句子主语是"我"。

师:说得对。就是这么一转换,句子的效果就不一样了。到此我们总结一下"为文字添彩"的方法,一是要仔细推敲词语,二是可以变换句式。请同学们根据以上的两种方法,修改自己的文段,加深对相关知识的理解。

(生修改文段)

师:接着请同学们再仔细阅读以下两个文段(展示梁实秋《中年》、张爱玲《天才梦》片段)。小组讨论总结这两个语段分别有什么特别的地方。

(生阅读,讨论)

生:梁实秋先生的文段用了许多的修辞手法。张爱玲的片段我倒是看不懂。

师:有其他同学能来发表一下对张爱玲片段的看法吗?

生:我也看不太懂。但觉得文字里有些说不清的东西。

师:诶,很好,抓住了这个"说不清的东西"。我们一起总结一下"为文字添彩"的另外两个方法。正如同学们讲的一样,梁实秋的文章里用了许多修辞,这正是方法三。张爱玲文段中那个"说不清的东西",正是文段里丰富的意蕴,也是我们的方法四。下面,让我们用以上学到的四种方法,完成随堂练习。

八、学会加工生活，让故事波澜起伏

高三"记叙文故事展开课"课堂实录

师：高考作文是个大题目，也是个难题，无论对同学们来说，还是对老师来说。我先问大家一个问题，如果走进高考的考场，准备写记叙文的举手（五六个学生举手）。坚决不写记叙文的举手（大部分学生举手）。

师：要不要写记叙文，这是高考作文必须面对的"策略"。广东有一个传言，就是要想得高分，就要写记叙文，你们听说过吗？其实这句话不可信。老师告诉你们两句话，每个省高考题都有记叙文得高分的，但能不能反过来推断，记叙文就一定得高分？不能。这位同学坚决不写记叙文，我很支持你，但是有风险。但作为一个高三学生，应该练好三招：第一，选择写什么文体，都会有的材料不一定适合你擅长的文体；第二，正确审题，一篇作文如果偏题或者离题，就是写得再好也不能得高分，记叙文也一样。第三，如何突出中心，结构完整。所以几种文体都要学会写，要有一种文体写得特别好。不管你的第一选择是不是记叙文，还是要把握好记叙文的写作。（板书"记叙文写作"）写得好的，争取拿高分；写不好的，特殊情况下也能写出来。这是比较理智的态度。

师：接着的问题是，如果写记叙文，你觉得要做的第一件事是什么？

（指名第一排的一位学生）

生：审题。

师：审题以后干什么？

生：立意。

师：这是以前的老师教你们的吗？（学生笑）

师：审题是不错的，但审题后怎么就凭空立意了呢？立意是根据什么来立意呢？一个题目的指向是很多的，如果看到一个题目，写记叙文，先去想立意，这就错了。

（师指名第一排另一位同学）你认为呢？

生：还是审题。

师：审了题，第二件事是什么？

生：我写记叙文的话要先想内容。

师：两个同学不同做法，一个先想立意，一个先想内容。倾向于第一位同学的请举手？（没人举手）看来大多数同学的想法和他不一样，写记叙文不能先立意，记叙文的立意是形成于材料中的，所以第二位同学是对的，要先确定内容，内容也可以称作故事或事件。如果写记叙文，看到题目就要拼命想内容。大家知道中国有个作家叫莫言吧？大家知道莫言获了个"小奖"（诺贝尔文学奖）是吧？（学生笑）他获奖时发表的演说——

生：讲故事的人。

师：对，这句话很重要，我是一个讲故事的人。如果你高考作文要写记叙文，必须把这句话默诵无数遍，我是一个讲故事的人，我们要学会讲故事。

师：接下来的问题是，你们能不能从生活里找到一个与材料要求完全吻合的故事？能不能？

（生有人说能，有人说不能）

师：生活中是找不到一个与题目要求完全吻合的故事

的。反过来，我们能不能把生活里的故事原样搬到作文里来呢？

生：不能。

师：这就需要我们对故事进行适当的、恰当的、必要的加工，对故事进行加工是一个很丰富的内容。今天只讨论一个问题——记叙文故事的展开（板书"记叙文故事的展开"）。我们要加工一个生活中的原始故事，怎样展开呢？

师：我们班有位同学写了篇作文，题目是每个同学都向往的，叫"满分"，当然我跟同学经常讲，考试不要追求满分，写作文尤其不能追求满分，这两句话希望大家也记住。下面我先读这篇文章的第一个板块。

（师读学生作文）

中考前的日子是紧张而忙碌的。不经意间，一模即将来临。他，一位成绩优秀的初中生，正在努力为一模做准备。他一遍又一遍地翻着书本，以至于几乎能把书本内容背出来了，就这样，他信心十足地参加了一模考试。果然，考场上一帆风顺，几乎没有遇到困难。

过了几天，物理老师来报成绩了："这次考试，我们班有一个满分，在此给予表扬。"他坐在那里，两眼发光，激动地盯着老师的眼睛。"李磊。"热烈的掌声响起，他的眼神却黯淡了下来，他知道，这掌声不是送给他的。拿到卷子的时候，明晃晃的99分，很是刺眼，就差一分，就一分哪，满分就这样与他失之交臂。他心中无比遗憾，翻了一下试卷，他却无比疑惑，"这道题我明明是正确的呀，为什么要扣我一分呢？""你看，题目明明规定计算到小数点后两位,你为什么要计算到第三位呢?"老师责问他。"可是我算到第三位,我的数值上没有错啊!"他争辩着,但是显得苍白无力。"那可不行,一切都要按照题目上的要求去做,下去吧,下次你一定要吸取教训,好好努力。"

师:这样的文字,如果要放到高考作文里去,肯定还很单薄,题目是切合"满分"的,内容还不够丰富,需要我们大家一起把故事再进行展开,下面请同学们来谈一谈,如果让你展开,接下去,你会怎么写?(指名一位男生)

生:反思自己为什么没有拿到满分。

(师板书"反思自己")再加一些描写。

师:描写什么?

生:心理描写。

师:什么样的心理活动呢?

生:后悔。

师:后悔没有看清楚要求,是吗?

师:这位同学第一个发言,难度比较大,思路还没有展开。其他同学再说说(指名后排一位女生)。

生:没有想到后面怎么写,但我的立意是这样的,他没有得到满分是因为他没有按照题目要求去做,如果我要立意的话,后面的故事要体现一个道理,不是任何事情都要循规蹈矩。

师:请注意,我们今天不是讲道理,现在大家的记叙文讲道理讲得太多了。记叙文是靠故事来讲道理的,而不是靠你自己在文章中讲道理的,大家明白这句话吗?电影《红高粱》里面,作者站出来告诉大家了吗?没有呀。所以莫言反复强调，我是一个讲故事的人。我们要讨论的是故事往后怎样写。这位同学讲的反思，其实也是不符合要求的。大家想象一下，一篇文章前面写一段故事，后面就写自己的心理，故事还是很苍白，这是高中同学写作文很普遍的一个问题。写记叙文故事很局促，然后后面是大段的议论，讲道理，或者是大段的感受，我们要尽量控制这样的内容。我们要让事件向前发展。有没有同学能让故事向前发展的？（指名一女生）

生：他拿到考卷后，可能会跟第一名的同学（满分的同学）有交流，故事就向前发展。

师：怎么发展？

（板书"和满分同学交流"）

生：他一开始会非常执着于满分，但是交流过后，了解到满分同学的……

师：是不是经验？怎样考到满分？

生：他能够明白重点并不在分数……

师：怎么明白？记住莫言的话，记叙文就要讲故事，你把故事讲给我们听。

生：其实这次考满分的同学平时物理成绩不算特别好……

师：但是他得了满分。

生：得满分的原因只是他很踏实。

师：他能严格按照试卷的要求写，所以下面我们就按试卷的要求写，就能得满分，是这个意思吗？

生：是。（似乎有没有表达出来的意思）

师：不要紧，可能老师对大家的要求高了。其实大家

想的时候也不一定要受我的要求束缚。其他同学有没有？（后排一男生举手）这位同学主动要发言。

生：他第一段写中考前，然后他写这次考试是一模考试，说明接下来会有二模考试，二模考试后还有中考，就是后面会有两次考试。

师：就是说后面还要写二模考试。（板书"二模考试"）二模考试故事会出现什么情节呢？

生：如果写这次考试考了99分，下次考试吸取教训考了满分，这是小学生作文。那应该怎么写？（生笑）

师：你认为，二模考试他能考到满分吗？

生：肯定考不到满分，会比上次99分还低。

师：那为什么第二次又没考到（满分）呢？

生：第二次（没考到满分）是因为心里更执着。第一次心里想着要考满分，因为小数点的问题没有考到满分，下次他会更仔细地去看里面的小细节，越仔细，就会导致一些大问题出错，二模也就不会考好。

师：越纠结，越会出大问题，还是没考好。

生：这个时候会出现转机，老师再去找他——

师：是他去找老师。

生：他去找老师，说："我上次那么认真考了99分，这次二模为什么比上次还糟呢？"老师可以提点他，和他分析很多方面的原因，"你学习成绩好，学习很认真，但是没有把心放开来去考，'心钻死了'要考满分……"

师：老师又跟他讲道理了。（生大笑）

生：稍微和他说几句，他心中有一种感觉，下一次会调整得更好。

师：下一次我们再说，好不好？先说到第二次。被他这么一说，有没有同学也有自己的想法了，谁来说说？（前排一男生举手）

生：他和老师去争辩后，很不爽，一气之下把考卷给撕了。

师：卷子撕过以后呢？

生：他想，我已经很努力了，老师还是把我训了一顿，万分不爽，下次一定要考满分，让老师闭嘴。

师：你这主要是和老师斗争。（生笑）

生：但是他二模还是没有拿到满分，他想，为什么我一定要去追求满分？我们不一定要追求满分的结果，追求满分的过程就是一个非常充实的过程，尽管他最后没有拿到满分，他还是很高兴……

师：告诉你，字数已经超过了。

生：没有超过。

师：800字，过了。

生：真没超过。我要追求的不是结果，而是过程。

师：立意很好，很深刻。但是字数超过了。还有没有同学要说？（一男生举手）哦，有，越来越活跃了啊。

生：拿到满分的同学李磊。

师：李磊。你下面准备写李磊？

生：李磊和他是好朋友，因为李磊考了满分，他自己差了一分，后来……

师：你是想写他和李磊的关系，对不对？他和李磊的关系恶化？

生：也不是恶化，可以设计一个情节，他在去食堂的路上，李磊从对面走过来，李磊和他打招呼，但他没理，可以写写他的心理活动，李磊意识到了这一点，然后找他到一个环境好的地方聊天。

师：写李磊高姿态，主动和他交往（应是交流）。（板书"李磊高姿态"）

生：然后两个同学和解，从中他悟到一个道理，友情是一个方面，最重要的是把题目搞懂，最后，他满怀信心走上二模考场。

师：原本第一段要花一节课的时间，但今天只能到此打住，很抱歉。我知道很多同学"蠢蠢欲动"了。下面我们看看原作是怎么写的，和我们同学的思路比较一下，各有什么道理。（师读学生作文）

"按照题目上的要求……"他一边默默念叨，一边下了楼梯。

转眼间，二模到来了。他进入了物理考场后，他又想起了老师说的话，嘴里不断地念叨着："一切按照题目上的要求……"周围的人无不侧目看他。"这位同学，你的嘴里嘀咕什么呢？"监考老师一皱眉，敲敲他的桌子。"噢，噢，没什么。"他这才反应过来。试卷上前面的题目完成得很顺利，他很小心地苛求每一个题，每一个字都看仔细。题目很简单，可是，有一道题让他为难了，书上明明写的是"熔化"，而卷子上写的是"溶化"，他犹豫了半天，脑海里又浮现出老师的那句话，"一切按照题目的要求去做"，于是他很果断地写下了"溶化"。整个考试期间，他反反复复地盯着这道题看，最后他安慰自己说，一切按题目上写的去做就没错，但心里还是有点悬。考试结束以后,他特意去询问了语文老师,语文老师说,如果主语是水,那么是"溶",如果主语是金属,那么就是"熔",他悬着的一颗心终于放下了。

很快又到了报成绩的时候,他眼中再次放出了充满希望的光,"这次考试",老师说到这里一顿,"我们班很可惜,没有一个满分,最高的同学是99分,就因为一道填空题写错了一个字啊,要注意细节啊!"老师的话无情地击碎了他的希望,拿到试卷一看,果然就是他自己99分,可是他感到无比地委屈,他明明是按卷子上做的呀,为什么说我错呢?下课后,他找到老师,老师拿到试卷,看了半天后轻轻地说:"这一次的确是卷子错了,在物理学中只有熔化,没有溶化,你不应该写出溶化,不过,就一分之差,也不要太纠结了,中考的时候加油,我对你充满了信心!"他无奈地离开了物理老师的办公室,老师都这么说了,还能说什么呢!满分又一次与他擦肩而过。

师:下面我们来比较一下,这位同学的思路和我们同学的思路来比较,哪一个最好?认为"考完反思"的思路好的同学举手。(没人举手)自己也不赞同啦?好,这是一个提高,自己不赞同自己,是一个提高。认为"学习经验"的思路好的同学举手。(一人举手)认为"和老师斗争"的思路好的同学举手。(几人举手)认为"和李磊关系"的思路好的同学举手。(几人举手)认为这位同学(指原作)写得好的举手。(没有人举手)

师:这是我的责任,下面我们必须弄清楚,事件向前发展有哪些要求?我们在平时的阅读和随笔中会积累很多半成品的素材,然后我们到高考的考场上要把它们写到高考作文里去，大家看看，应该怎么写？应该怎么加工？故事应该怎么推进才更好？有哪些要求？大家想想看。有没有同学想到？（没有人举手）下面老师告诉大家，如果这个弄不清楚，故事的发展是要出大问题的。

师：第一，要紧扣一个点，或者说要聚焦在一个点（师板书"紧扣一个点"），不能中途由这个话题跑到那个话题上去，由这个内容跑到那个内容上去。我们有很多同学写记叙文，认为"我写记叙文，记叙文是我写的，我想怎么写就怎么写"，除了少数同学，原来事件是怎样的他就怎样写，毫不加工。我常和同学们讲，天下没有一棵树长成椅子，无论如何不能把一件事完全写到作文里去，完全的事情写到作文里百分之九十七八不符合要求。天下有一棵树长成椅子吗？你看到过吗？没有。第二，是我想怎么写就怎么写，这是非常普遍的问题，我们同学也是这样。我在一位同学的作文本上写过这样两句话"你的作文你做主，你的分数我做主"。（生笑）不是你想怎么写就怎么写的。第一是要聚焦到一个点，大家看看这个故事要聚焦在哪个点？

生：满分。

师：对，满分。聚焦在满分就必须写什么内容——考试？所以这位同学写二模考试有道理。所以写经验交流、写同学关系恶化、写和老师斗争等，至少说这个内容跑远了，与满分何关呢？对不对？第二，故事的后面发展和前面的发展要有因果关系，这个因果关系越紧密，你的文章会越有深度越紧凑，因为前面一个事情，引出后面一个事情。大家没时间看电视剧、看电影对不对？大家看电影的故事情节、电视剧的一集一集情节,《三国演义》看过吗？上一回引出下一回,下一回再引出下一回,故事就应该层层向前推进。第三,作为高中生记叙文的内容,最好还要形成矛盾,情节要有变化。现在大家来看,这个故事原有的矛盾主要集中在哪里？是集中在他和李磊,还是集中在他和老师,集中在哪里？集中在老师,关键是哪一方面呢？不是行为上的冲突,而是老师那一句很关键的话,为什么人家的记叙文发展得很充分,又写得不分散,又往前推进得有深度？立意,同学们要记住,记叙文靠故事表达,不是你想的,然后开始讲,而一讲就糟。现在我们回头去看,相对来说,哪一个展开要更好一点？我更同意这个（指原作）。

师：故事已发展了一次,但还没有结束,为什么说还没结束？一是我们同学说的,主题还不是很明朗,故事内容的发展也还不是很充分。现在我们明白了这一些道理和要求,现在我们来想一想,考完两次试,后面故事还要向前发展,你觉得应该怎么写？

生：还考。

生：要写高潮。

师：高潮怎么来？大家都知道高潮来了,还考试吗？

生：不考了。

师：干什么？

生：回家了。

师：回家做什么？

（指名另一女生答）

师：首先是考不考试？

生：要考试。

师：有同学说不考了，回家了，现在有同学说考试。考不考满分？

生：考了满分。

师：终于考了满分了，这个同学挺善良的。

生：这次考满分的话，是因为二模的时候知识体系的完备导致中考考满分，知识盲点被扫除。

师：那前面没有考到满分是不是因为知识没有掌握好呢？所以不能分散。前面两次没有拿到满分，一次是多算了小数点，一次是把书上的内容教条地记住了，第三次写知识点全掌握了，这就分散了，不集中了。我打断你了，影响你思路了？本来要写什么呢？

生：他应该主要是一个心态摆平了。

师：经过前面两次考试，他心态摆平了，这个好。不是知识点掌握全了考满分，而是心态摆平了考满分。还有同学愿意谈谈不同的思路吗？（指名一女生答）

生：之前讲到记叙文的第三点是矛盾和变化，那么接下来作为高潮的话，应该是针对这个矛盾的解决。

师：怎么解决？

生：下一次——

师：下一次写什么？考不考？

生：考。

师：考到还是考不到满分？

生：应该是考了满分。

师：是什么原因这次能考到满分呢？

生：原因应该是总结了前两次的教训。

师：前两次的教训是什么呢？太纠结，对不对？这次不纠结了，很好。我们来看看，认为接下去的内容还写考试的，请举手。（一部分学生举手）认为后面坚决不写考试的，请举手。（两学生举手）好，反对的同学说说。不写考试，写什么？（指名一男生答）

生：写矛盾的解决，心态的转变。

师：你要写一个事件，不能在家里解决，矛盾解决啦，我心态平和啦。

生：他有可能是看到了什么东西，比如植物啊。

师：植物、动物都可以，然后就想明白了，受到生活的启发，然后就知道考试能否得满分太不重要了，是这个意思吗？

生：是。

师：但我担心一个问题，要找到这样一个动物、植物还是有一定难度的。最好的解决办法是回家看书，看到一本书上一个名人说一句话，一下子就懂啦。大家注意，这种写法很简单，很客套，而且故事很弱，问题是解决了，但没有故事。写考试的同学是大多数，下面看看，写考试的同学，是让他继续不得满分好呢？还是让他得满分好？倾向于不得满分的同学举手。（一部分学生举手）从做人的角度讲，这样写有点残忍，但从写文章的角度讲，这样写我更喜欢。我们要让他伤心伤个透，主题就愈加地深刻，对读者就愈加震撼，对不对？我们看看原作者有没有让他得满分。（师读学生作文）

紧张的日子过得很快，一眨眼中考就到来了，考试时他充分吸取了前两次的教训，仔细地审视每一道题目。幸运的是中考并没有什么容易混淆的字眼,也没有让他为难的题目和要求,一切都很清楚,一切都很清晰,他小心翼翼地计算,做着题目,直到铃声响起的那一刻,他长嘘一口气,悬着的心终于放了下来。这一回,他终于能拿满分了。他心中无比欢喜高兴。中考后的假期轻松而愉快,他躺在沙发上悠闲地看着报纸,看到中考答案出现时,他的心又紧张起来。首先翻了翻物理答案,一道道题目对下来,没有一个是错的,直到最后一道题,他呆住了,嗯?怎么有这么一道题的啊?或许是因为太放松的缘故,可能是我做完了给忘了,我怎么可能漏了整整一道题呢?他自言自语,又自我安慰,想到这一回终于可以拿满分,心里还是蛮舒坦的。

愉快的日子很快就过去了,这一天是领分数条的日子。他坐在位子上,忐忑不安,看着那张白色的纸条,那张蕴含着无数的期望的纸条慢慢地由前面传过来,终于他拿到了自己的那一张无比沉重的分数条,他满心欢喜满心希望地看了一眼,随即脸色苍白,无力地瘫坐在椅子上。90分,最后一道题正好是10分。

师:大家来评价一下,认为这样写好不好?交流的过程中我们就能悟到记叙文怎么写。(指名一女生)

生:他思路是可以的,但我觉得他太执着于把一个故事讲到底,一定要讲到一个什么结果。

师:就是故事讲得有些拘谨了,是吗?

生:是。

师:不太舒展。认为他不好的同学说一说。

生:故事三个部分写的都是没有得到满分,篇幅已经

很充足了,但他对于满分这个概念的阐明,还是不够多。(一女生主动发言)

师:比较单一,是吧。

生:是的。

师:两位同学代表了两种意见,一是看到这位同学好的一面,点扣得特别紧,主线特别清晰,故事一层一层向前推进,从人物的角度看,看到一个非常纠结的同学,非常执着于满分的一个孩子,让我看得都心疼,让我看得都同情,但是当我同情和心疼的时候,应该说这位同学得高分的机会就多了,知道吗?因为他震撼我,感动我,影响我。当然两位同学讲得也对,这是文章展开的一种思路,扣住一个点,抓住一条线,一步步向前推进,写出一个人物的特点,突出某一方面的内涵,当然,还可以有其他的写法。可惜今天没有时间和同学们来讲记叙文展开的其他思路。

其实刚才那篇文章还没有结尾,怎么结尾呢?这个同学原来写了个结尾,老师又帮他改了个结尾,大家看看两个结尾,哪一个更好?这个同学原来的结尾就一句话:"这学期期末表彰的名单上没有出现他的名字。"后来老师加了个结尾:"一年以后,他以一个普通高中生的身份夺得了国际物理竞赛的金牌。"同学们看看,是他的结尾好,还是老师的结尾好?倾向于他的结尾的请举手。(没有学生举手)倾向于老师的结尾的请举手。(一部分学生举手)

师:有意思,这么多同学举手了。我觉得这两个结尾都不好,如果要比较,他的结尾比老师的好,我不知道什么原因你们会认为老师加的好。他的结尾一句话,很干

净,这是记叙文最好的形式结尾,"这学期期末表彰的名单上没有出现他的名字"。很多东西可以让我们自己去想。老师的结尾漏洞太多,"一年以后,他以一个普通高中生的身份夺得了国际物理竞赛的金牌"。他凭什么夺的?他这一年干什么去了?他考上了一个普通高中,一年后就获得物理奥赛金牌了?更重要的是,从前面的发展来看,一个这么纠结的人,他可能得到金牌吗?我们能让他得到金牌吗?

生:不能。

师:我也写了三个结尾,你们看,哪一个更好?我写了五个,今天只说三个。第一个结尾,90分啊,看来啊,生活中越是想要得到什么,往往越是得不到。一句话,议论点题,着眼于得到与得不到。第二个结尾,或许人生本来就没有满分。着眼于满分,着眼于人生。第三个结尾,中考结束了,他病了。没时间了,看看三个结尾哪个好?

生:第一个好,与前面发展衔接比较自然。(一女生主动发言)

师:说说第二个。(指名另一女生)

生:延伸到人生的高度。

师:还扣住了题目"满分",对不对?喜欢第三个的请举手。(指名一男生答)

生:接着他前面的那种纠结。

师:请大家注意,这里的病能够引发我们很多思考,他病了,到底是谁病了?是他病了,还是物理老师病了?还是他和物理老师一起病了?为什么他们会一起病了?

师:最后,我告诉你们,这三个结尾也不好,最好的结尾是什么呢?最好的结尾在你们心中。下课!

九、学生读书随笔

1. 人到少欲品自高

品读《苏东坡传》

中华上下五千年,文化珍馐数不尽。宋词便是中华文化的杰出代表之一。宋词的魅力何在?"知否,知否,应是绿肥红瘦。"李清照一问一答,便引得读者浮想联翩。"执手相看泪眼,竟无语凝噎。"柳永潇洒一笔,便点明离人心头愁绪。"想当年,金戈铁马,气吞万里如虎。"辛弃疾寥寥数笔,便绘出先贤雄姿。宋词大家,不可枚举,前人各有千秋,后人难道孰优孰劣,而我心中最为钦佩的,便是拥有"唐宋八大家"之称的苏东坡。苏东坡先生的魅力又何在?且让我们走进《苏东坡传》,共同领略苏东坡先生不凡的一生。

《苏东坡传》一书出自近现代作家林语堂。纵观苏东坡先生一生,大多看到的只是其光辉靓丽的表面——才华横溢,文坛巨匠。而通过《苏东坡传》,我们看到的是他几度升迁的沧桑过往。少年意气,奋发图强,金榜题名,入朝为官,此等风光羡煞多少苦读学子。后遇变法,自请离京,在杭州、密州等地任职,革新除弊,颇有政绩。而后得罪权贵,"乌台诗案"使其跌落神坛。入狱百余日,受尽凌辱,最后在友人的帮助下,得以生还,却被发配黄州,担任虚职。苏轼在心情郁闷之时,多次到黄州城外的赤壁山游玩,并作下《念奴娇·赤壁怀古》《赤壁赋》等作品,以疏解心情。晚年因新党执政而被贬惠州、儋州等地。宋徽宗时获赦北还，却在途经常州之时病死。至此，其一生可谓是"尘埃落定"。宋高宗执政时，感念其功德，追赠太师，并赐谥号"文忠。"

苏东坡先生不仅是一位文人，更是一位出色的厨师。他被贬之后，不止会用创作来抒情，也会通过烹饪来放松。家喻户晓的"东坡肉"，便是出自这位大文豪手中，这也是他最吸引我的地方。一朝被贬，在巨大的落差下，他却没有自暴自弃，而是坚持他的乐天派精神。在花好月圆之日，却无法与家人团聚，他是如此开解自己："人有悲欢离合，月有阴晴圆缺，此事古难全。但愿人长久，千里共婵娟。"你我虽分隔两地，却能在十五月圆之日共赏同一轮明月，这何尝不是一种团聚？

苏东坡先生是一个难以琢磨透的人，很少有人能读懂他真实的情感，摸透他的脾性。是乐观或是消极？是成功或是失败？是圆满或是遗憾？或许连他自己，也难以道清。我们唯有悉心拜读其作品，耐心体会其经历，才能领略到他的不凡。

人不必过分热衷于功名利禄，以致彻底地迷失了自我，"盈虚者如彼，而卒莫消长也"。人的一生如月般，时来运去，时圆时缺，若一生只执着于输赢，怎会有满足的一天。暮去朝来，花开花谢，人生如流水，一去便不再。人生何其短暂，与其沉溺苦闷，不如寄情山水，喝一壶陈酿，品一道佳肴，书一阕好词，与苏东坡先生般做一位乐天派，不为世俗折腰，只求快活于世。

2. 做自由的夜行者

读史铁生《自由的夜行》

《自由的夜行》是史铁生的散文诗集，是我偶然之间读到的佳作，这本书好似为我开启了生命的另一种活法，及另一种精彩的人生。

史铁生21岁时双腿瘫痪，但命运对他残忍的安排没能阻止他活出生命的精彩，活出生命的意义，轮椅也不能阻碍他让灵魂翱翔。《自由的夜行》中的第一篇是《秋天的怀念》。在《秋天的怀念》中，史铁生讲述了自己双腿瘫痪后性格变得易暴易怒。那时母亲不幸患了重病但依旧无微不至地安慰和关怀他，然而直到母亲病情突然恶化，被死神夺取了生命时，他才痛切地悔恨起来，也才因此振作精神，热爱生活。

另一篇散文《好运设计》字里行间便已透露出史铁生对生活的热爱，他的文字中没有了自怨自艾的哀叹和对命运的抱怨，取而代之的是对自己现状的剖析。史铁生用严谨的逻辑和丰富的幻想为自己的来生设计了一个十分完美的身体。但有趣的地方便是这儿，他最初为自己设计了很多美好的经历，但随着写作的进展，他开始思索人生真正的价值，意识到太过完美的人生反而无所趣味。人应该经历挫折，从中可以获得启发，学到道理。

越往下读，越反复地阅读这本书，突然发现史铁生是以一种看透生命，享受生命的态度来对待自己的人生，他用文字来进行疗伤，来完成自我的救赎。从中我也明白了：人生无论经历过什么，都值得我们努力向前。人活着

的标志,是思维的进行,永远不要停止对知识的探索。世间没有永远的祥和与美好,也没有完美的人生,挫折是启发你思维的导火索。

命运并不受贿,唯信心者能受其恩典。而信心,既不需要事先的许诺,也不必有事后的恭维,它的恩典唯在渡涉苦难的时候可以领会。史铁生便犹如其所言坚强。他的心是自由的灵魂,在自由地生活。

第三章

思——思考篇

一、因人施教，有序训练

作文教学是高中语文课程教学中一个非常重要的部分，同时作文也是学生发展思维、展开想象的一个重要环节。因此，有效提高学生的写作能力是语文教学成功的一项重要指标。然而，在现实的作文教学中，很多教师对作文教学认识不到位，进行教学和训练过于随意和无序，学生缺乏写作兴趣，观察分析能力低下，写作能力较差。新课程标准提出在写作方面要让学生学会多角度地观察生活，丰富生活经历和情感体验，对自然、社会和人生有自己的感受和思考，多方面地积累和运用写作素材。这样也就要求作文应该更加强调个性化和独特性，作文教学要因人施教；而培养和发展人的思维能力，则需要一个循序渐进的过程，需要序列化的训练。在长期的教学实践中，我认为两者的结合是提高高中作文有效性的最佳途径。

（一）正确认识高中作文教学存在的问题

纵观高中语文作文教学中存在的种种问题，我认为，其实质是学习主体不明确,教学方法、教学策略失当,教与学互动互励缺乏。

1. 教师主导课堂,学生缺乏兴趣体验,知识未能有效转化为能力

作文课堂教学的创新比较少见诸笔墨,更多教学方式是以传统为主。传统的教育教学方式总是强调教师的讲授是否清楚明白,是否生动具体,是否透彻到位,而往往忽视了学生作为学习主体的主观体悟。这种教师本位的教学,经常是教师在台上讲得头头是道、唾沫横飞,台下学生却无所事事、昏昏欲睡。

2013年高考广东卷作文考的是关于"捐助"的材料作文,我在考前一次作文训练中,刚好进行了一次关于陈光标和杨国强高调捐助和低调捐助方式差异比较评析的作文训练,这本来已经和高考作文在主话题上很接近了,考完试走出来时,好多学生很兴奋,但也有学生跑过来跟我讲他的作文不知道怎么写,写偏题了,而且还不乏个别成绩不错的学生。当时我感觉很惊讶,甚至有点生气,原本已经分析得很透彻的一个题目,怎么还写跑题了,但后来我细究了个中原因就在于这些认识、这些认识仅是我的一己之见,这些见解并没有转化为学生的认知和写作能力。教师本位的教学形式,仅把学生当作受众,老师讲什么,要求学生听什么,老师写什么,要求学生记什么,学生的主观能动性根本就没有被激发起来;课堂上老师讲的、分析的,不管讲得多么清楚明白、怎样透彻到位,那都只是老师的认识与分析,学生并没有真正按照老师的思维去思考。这样一来,教学就成为一种单边活动,而"教学的终

极目标是让学生学会学习",没有了学生的自主参与,没有了师生的互动,教师的"教"和学生的"学"自然都难达到预期的效果。

2. 缺乏序列化训练,没有因人施教,教学效率低下

在作文教学过程中,课堂作文训练是必不可少的,而老师又常常缺乏系统设计,或有时盲目追随所谓的高考信息,想当然地给学生一个题目让学生进行写作。这种训练方式往往是学生写了这次作文,下次又不知该从何着笔,以至于越练越不懂得作文,越练越迷糊。有的学生,审题关都没过,也要求下笔千言,自然是"离题万里";有的学生,写作不讲结构,章法混乱;有的学生甚而认为话题作文中的"文体不限"就是"不要文体""不讲文体"。结果,写出的文章既不像议论文也不像记叙文,也不是夹叙夹议文,更不是散文,成了"四不像"的玩意儿。事实证明,没有系统性、序列化的作文备考方略,不遵循循序渐进、逐步提高的教育原则,靠乱点鸳鸯谱式地乱练一气,想提高学生作文水平,那是绝无可能的。

同时,过分强调"文必成章"这一传统标准,每次作文训练都要完成整篇写作。我认为,这种训练方式不仅没有必要,也根本不可能完全做到。写作是一个渐进的过程。学生作文也必须经由一个由"词语"到"句子"到"段落"再到"篇章"的成长过程。不顾及学生水平差异和作文题材有别,随便什么文题,随便什么话题(材料),都要求学生把它写成完整的文章,这是很不现实,也是很难做到的。这种"平均主义"的教学,也有悖因材施教的教育原则,很难同时顾及不同写作水平的学生,要想实现写

作上的培优扶差，全面提高学生写作水平，自然也就无从谈起。

（二）因人施教，激发兴趣，有序训练，提高作文课堂效益

"鼓励学生积极参与生活，体验人生，关注社会热点问题，激发写作欲望"是新课程标准的要求。在作文教学中，我觉得教师要明确每次作文课的教学目的，重视学生写作兴趣的激发，发挥学生的主体作用，向课堂要效益。在课堂教学上我是这样做的：

1. 充分发挥学生的主体作用，提高写作的原动力

著名思想家、教育家卢梭有言："在教学中要做到他所知道的东西，不是由于你的告诉，而是由于他自己的理解；不要教他这样那样的学问，而是要由他自己去发现那些学问。"因此，高考作文教学，必须改变以老师讲授为主，学生被动接受的现状，要充分体现学生在学习中的主体作用，发挥其在训练过程中的主观能动性。不论是整个教学方案，还是具体的训练方案，都应该充分研究学生的实际情况，考虑到学生的现实需求和自主学习的需要。在作文教学中，老师只能是信息的提供者、方向的引导者、关系的协调者、客观的评价者；而不能成为信息的分析者、方向的制定者、关系的处理者、结论的审定者。在课堂上我要考虑的不是怎样把一个话题（材料）分析得明白透彻，让每个学生都能听得懂，而是要考虑怎样引导学生对这一话题（材料）进行自主分析，帮助学生解决"怎样学习"的问题；通过设疑、质疑、讨论、分析评述等各种

方式深化对话题（材料）的理解，最后让学生自己找出话题（材料）的关键所在，明确立意的方向。在具体的教学实践中，教师没有必要告诉学生某某话题（材料）要怎样写，而要引导学生自己去动脑筋思考文章的立意、文体、布局谋篇与表达方式，并最终选定既符合话题（材料）要求，又符合自身写作实际的写作内容、表现主题、篇章结构、文章体裁、语言形式。只有这样，让学生真正成为学习的主人、课堂的主人，在自主的学习与研讨中，不断提高认识，积累经验，最终学生才能把知识转变成为自身的写作能力，不断提高自己的写作水平。基于此，每次作文讲评课，我都是让学生来讲他们是怎么理解材料的，怎么构思的，某同学的作文可以如何修改升格等，让不同层次的学生都有机会发表自己的观点，把主导权放给学生。

2. 写作训练回归生活经验，增强生活体悟

宋朝著名学者朱熹曾经说过"问渠哪得清如许，唯有源头活水来"。这是告诫我们，要想有真见识，写得好文章，就得有"源头活水"。这"水"就是指生活的体悟、写作的素材。没有一定的见识，丰富的素材，写文章就成了"无米之炊"。见识和素材哪里来？来源于生活，来源于积累。因此，必须引导学生做生活的有心人，去听、去看、去感受和体悟生活的种种。既要教育学生利用自身的优越条件去阅读各类书刊杂志（含网络媒体，电子书刊），不断积累各种写作素材，又要鼓励学生走出教室，走到社会的大课堂里去历练，以增加他们的阅历，开阔他们的视野，提高他们的品位，增强他们的辨析能力。这样，学生在写作文时才能看得准、辨得清、写得明，才可能写出有内

容、有情感、有分量的好文章来。所以,我让班里的学生分成若干个小组,每周一个小组负责出版一期报摘,这份报摘要有主题,文章形式多样。这样既锻炼了学生的选编能力,更是可以让学生积累到更多、更丰富的生活素材。

3. 倡导个性化写作指导,提高教学效果

作文的终极目标自然是追求写出完整的文章,但写作训练期间总是强调"文必成章",反而很难达到预期的训练目标。有的老师盲目强调高考作文必须"不少于800字"的要求,认为不完成800字,什么都免谈。这未免有失偏颇。首先,"不少于800字"是高考作文的终极标准,而非训练标准,训练是为完成这一标准服务的。而要完成这一标准,得先让学生会写、有话可写,而非写多少字。硬要完成800字才叫作文是不现实也是不科学的。这一点,对于写作水平较低的学生来讲尤为重要。想想看,一个平时写文章只能挤出三两百字的学生,一下子要他"拉扯"出个800字的"伟文"来,这可能吗?真写出来了,那又是怎样的文章呢?因而,我的作文教学课一直坚持因人而异的原则。对写作水平较高的,不仅要求其写出够800字的全文,还要在质量上另定指标;而对于写作水平较低的同学,则以鼓励为原则,只要求他尽量把问题讲清楚,把事情写明白,至于字数多少成不成篇则在其次。片断写好了,就是进步,就应及时给予肯定和鼓励。这样,才能保持他们的写作热情,培养他们的写作信心。久而久之,积少成多,熟能生巧,还愁800字完不成,文章写不完吗?这种以人为本,因人施教,在训练中灵活运用"双重标准"的做法,符合卢梭"按照孩子的成长和人心的自然的发展而进行教育"的育人思想,很好地做到了兼顾优等生和后进生,不论是对培优扶差还是提高学生整体写作水平,都是大有裨益的。

4. 突破常规,以思维训练为核心,有序开展作文训练

在作文教学计划安排上,我坚持以思维训练为核心设计作文序列化训练,目的是凸显思维能力特别是创造性思维能力在作文训练中的重要地位。

作文能力是观察能力、思维能力和表达能力的综合。其中思维能力尤为重要。无论是观察生活、审题立意、谋篇布局还是进行语言表达等,都由思维支配和决定。但长期以来,我们在写作教学问题上过分强调"文以载道",限制了学生思维能力的发展。学生的自我意识麻木了,作文不再是学生的喜怒哀乐、酸甜苦辣、嬉笑怒骂在纸上的凝结。他们不愿抒发自己的情感,不愿表露自己的思想,于是,呈现在我们面前的作文多是些"假大空"的思想、"克隆化"的主题和虚伪的情感,文中无"我",个性得不到张扬,缺乏生气,缺乏灵气,缺乏才气。

为改变这种状况,要大力倡导启发和培养学生的创新思维能力。引导学生"冲破思想的牢笼",在忠于生活和自己真实心灵的基础上对现有的作文规范进行反叛,用自己的眼睛去观察世界,用自己的思想去体味人生,弘扬真善美,鞭挞假丑恶。在立意、构思、选材等方面给他们"松绑"。我们要遵循中学生思维活动的规律,力求使作文题型的设计适应中学生智力发展的需要。以想象作文培养学生思维的独创性;用类比式、归纳式、思辨式的作文题型,培养学生思维的深刻性;在限定时间内用分解系列题型,

一卷多篇作文培养学生思维的敏捷性。在审题、立意、选材、布局谋篇的过程中，我们须注重学生创造性思维能力培养：充分发挥教材"例子"的作用，读写结合，培养学生求同思维能力——模仿"入格"；多向分析、立体思考，培养学生发散思维能力——打开思路；突破常规，反弹琵琶，培养学生求异思维能力——探索创新。

总之，高中作文课堂教学是一项系统工程，在日常写作教学中我们要注重因材施教，制定合理的、循序渐进的写作训练，凸显写作素养的养成，强化学生思维能力的培养，帮助学生将课内的"学得"与课外的"习得"有机结合，学用并举，向真实生活开放，向语言本体回归，有序训练，切实提高作文教学的实效性。

二、学生写作思维建构再思考

中学语文教学的任务是培养学生听、说、读、写等语文综合能力，而且在整个语文综合能力构架中具有支柱的作用。然而，在现实的语文教学中作文教学一直处于一个很矛盾的局面，被许多老师认为是吃力不讨好的事情。部分语文老师甚至将写作理解为"写文章"，教学的目的就是训练学生"写"或者"制作"出"好文章"，普遍感觉到写作不可"教"，不好"教"，于是放弃了对写作教学的进一步研究，学生的学习常处于"自主摸索"的状态。

不可否认，写作是一种思维过程与思维结构的体现。因此，在作文教学方面教师是有可为，且必须为的。教师通过有计划、有目的地对学生的写作思维进行培养和建构，就一定能够有效提升他们的写作能力。那么，该如何建构学生的写作思维呢？笔者结合自身的教学实践和教训，认为应该注意做好下面三个方面。

第一，文体意识的培养是建构写作思维的基础。现阶段无论是各年级的各种考试，乃至到高考都对文体方面要求相对宽松，一般都是诗歌除外，文体不限。这样，在教师和学生群体中也容易造成一种误解就是考试评价忽视了对文体的要求，所以在平时教学和写作上没有注意文体教学和文体意识的养成。其实，高考作文文体不限的实质是让学生根据自己的特点选择恰当的文体，以达到充分发挥自己写作能力的目的，而这并不意味着学生作文时可以不顾文体规范，胡编乱造。作文要创新，而创新的根本在于对基本知识的理解和把握。从某种程度来说，学生文体意识的高低决定了其在选择何种文体表现主题的自由程度，学生掌握文体知识越多越充分，其写作的形式就越明确规范。作文的创新在于选择恰当的文体，更在于不论以何种文体写作都能规范合理，并用准确生动的语言和结构表达出自己的独到见解和真情实感。因此，作为学生具备良好写作能力的基础，培养学生良好的文体意识是非常必要的。

那么，该如何培养学生的这种意识呢？在平时阅读教学中，教师要有意识地引导学生识别文体，但这只是感性材料积累的阶段，应及时活跃学生的思维，促进其对文体特点的把握。教师应以课文作为学生把握该文体特点的范例，让学生掌握整个知识体系，而不是对知识点的简单归结。在此强调的是，知识体系的构建不是灌输和死记硬背，而是由感性到理性，不断积累和飞跃的过程。读写结合才能促进学生形成良好的文体意识，在鉴赏和写作时形成良好的鉴赏能力和写作能力。抛开文体意识的培养，通过单纯的知识灌输和繁杂的训练是无法提高学生的写作能力的。

第二，感悟生活能力的培养是建构写作思维的关键。在现实教学活动中许多学生面对作文题目都感觉没有内容可写，往往写出来的文章内容空泛，空话、套话连篇，于是就有教师指导学生去背诵素材，个个手里都捧着本《万能素材》，结果到最后还是写不好作文。

《语文课程标准》明确指出：高中作文应当引导学生关注自然，关注社会，关注人生，应当引导学生表达对自然、社会、人生的积极思考、真实认识和独特体验。其实这种死记硬背素材的方式对于学生写作思维与写作能力的提升并没有实质性的作用，相反教师应当引导学生去体验生活、感悟生活，提升对生活的感悟能力，这样才能提高写作的深度，从而提高自身写作的能力。那么该如何培养学生感悟生活的能力呢？

首先应该让学生学会用心体验平凡的生活，拓展生活的广度。作为语文教师，不仅要鼓励学生具有一双善于发现生活之美的眼睛，还要鼓励学生有一颗感悟生活意义的心灵，用自己的心感悟生活，用自己的笔抒写心灵。学生每天都在生活的海洋里撷取着绚丽的浪花，我们每一位语文教师都应做个有心人引导学生以不拘一格的形式表达生活的点点滴滴，无形中让学生受到熏陶，真正使学生做到真情达意。然后教师要善于引导启发学生思考。教师要善于引导学生思考什么是对的，什么是错的，对在哪里，错在何处。然后再告诉他这样得出的结论就是自己的见解，那么，以后他遇事就会自己动脑筋去思考，自己去得出结论了。只有这样才能力避模式化的作文，让学生在写作的舞台上展示自我，在这片湖海中泛起可爱浪花，也让教师耳目一新，走入师生共同开创的新天地。例如高考作文有学生写到了农民工的问题，表现了对他们生存状态的关心，也有学生写到了呼吁保护自己灵魂的故乡，反对随意拆迁等等，都体现了学生自己善于去发现生活，有自己的感悟，自然得到高分。

其次，引导学生深思细察，提升感悟的深度。生活是多方位、多角度、多层次的，既有真善美，也有假恶丑。若只观察生活而不思考，头脑中留下的则是一个缺乏具体内容的生活轮廓，是线条勾勒的简单生活画面，没有色彩，也没有层次。因此，教师要培养学生关注社会习惯，引导他们关注社会，思考生活，发现生活中的真善美，关注社会发展中的问题并设法加以解决。在写文章时，对真善美加以颂扬，对问题及自己的态度加以阐述，发表自己对生活的见解，只有这样，写出的文章才会有新意、有情趣、有深度，而更多的时候，理是不辩不明，往往是越辩越明。因此在实际的教学中笔者经常引导学生对现实中出现的问题或现象进行分析、思考、评议，允许他们七嘴八舌，百家争鸣，从而在争议中明辨是非，考虑问题自然就加深了。

第二，行文构思能力的培养是建构写作思维的条件。一篇好的作文，除了要有鲜明的主题，丰富的内容及深刻的内涵外，还应具备独具匠心的行文构思。"文似看山不喜平"，文章的构思如果始终是平淡单一，就没有吸引力了，特别是记叙类的文章情节设计要有高潮,没有高潮情节就没有起伏,就缺少波澜,就难以吸引读者,因此需要靠制造强烈的悬念和出人意料的结局。一篇作文除了高潮、结局可写得起伏跌宕,其他部分情节应该组织起一些波澜,一波三折,从而增添作文的意趣,也升华了作文的主题。创新构思可以从内容和写法两方面进行。近年来,文体创新构思可谓五彩纷呈,如广告、日记、合同、报告、寓言、庭审记录、剧本等不断地出现,大大地丰富了文章的类别,也造就了一些高分的佳作。所以,教师在教学过程中要重视学生构思能力的培养。这方面笔者认为首先是要通过阅读积累提升学生的文章结构直观感受,进而在大量的、形式多样的文章的"熏陶"下,在自己的思维中形成理性的分析能力,从而具备自己的构思能力;其次是教师有效训练指导,引导学生学会在构思时如何增减、推敲详略,删去多余和杂乱的部分,在训练中发展学生的构思思维。

学生写作思维的建构是一项既复杂又漫长的过程,需要教师有计划、有目的地加以培养。然而笔者认为只要从上述三个方面加以努力,学生一定可以建构成自己的写作思维,他们的写作水平一定也会有一个质的飞跃。

三、比较阅读在语文教学中的运用之思考

莎士比亚说过:"没有比较,就显不出长处。"俄国教育家乌申斯基也曾说过:"比较是一切理想和思维的基础,我们正是通过比较了解世界上的一切的。"的确,有比较才能鉴别,才能分清事物的是非、优劣、高下、异同。有比

较才能增加人们对事物及其规律认识的广度与深度,从而在获取成效时事半功倍。比较阅读作为一种阅读方法,要求学生在自主阅读的基础上进行比较探究,总结规律。它体现了新课程所倡导的"自主、探究、合作"的学习方式,合乎新课程提出的发展独立阅读的能力,注重个性化的阅读,充分调动自己的生活经验和知识积累,在主动积极的思维和情感活动中,获得独特的感受和体验。学习探究性阅读和创造性阅读,发展想象能力、思辨能力和批判能力"的要求。因而,在高中语文教学中比较阅读被广泛地运用。

(一)比较阅读教学法的意义

1. 比较阅读教学法可以扩大学生阅读面

中学阶段课程多,学生课外阅读的时间少了,阅读范围也相对缩小了,但学生的需求却不断提高与扩大了。因为他们要更好地了解社会、认识社会,以便提高自己的分析问题、解决问题的能力,这就需要及时补充营养。而阅读面缩小,就制约学生各方面的发展。因此,作为语文教师需要及时进行调控,合理安排时间,引导学生进行课外的阅读,做到既要让学生不误各科学习,又要进行适量的课外阅读。比较阅读教学法就是解决这一矛盾的有效方法。如在教学《阿Q正传》时,为了让学生了解作品中所反映的辛亥革命的不彻底性,可以指导学生课外阅读原粤教版中所选的《药》一文,在比较中求同,既扩大了学生的阅读面,又深化了学生对作品的理解。再比如在教学《项链》或《等待散场》时,为了让学生进一步体会到小说情节安排中的峭收法的作用,可以在课堂上以多媒体呈现欧·亨利的《麦琪的礼物》和短篇微型小说《两个朋友》,这样既能让学生在比较阅读中体会峭收法的无穷妙处,又能让学生多阅读些经典之作,并学会多阅读多思考。

2. 比较阅读教学法可以提高学生的阅读兴趣

我们古代教育家孔子强调说:知之者不如好之者,好之者不如乐之者。快乐之于学习某种学科,就是对这一学科的强烈兴趣。有了兴趣学生对他所感兴趣的事总是不知不觉地心向神往,表现出注意的趋向。语文这门学科所包含的内容本来就有综合性与趣味性,社会知识与自然知识无所不有,从古到今,从宏观到微观,展现在学生面前的是广阔丰富而多姿多彩的世界,而且表现手法、表达方式不一,具有引人入胜的艺术感染力。相反,如果学生对语文学习不感兴趣的话,那么,语文教师就要及时注入催化剂,催发学生学习语文的欲望与兴趣,这催化剂就是新颖有趣的课文内容、丰富多变的教学方式和生动的授课形式。如果说语文课内知识要受到考试的制约和检测而削减了本学科的趣味性的话,那么,比较阅读教学法就摒弃了这种压力与无味而受到学生的欢迎和喜爱。如我在教授杜甫的《登高》时,为了让学生更好地体会杜甫身世及性格对其诗歌创作的影响,我让学生对比阅读了杜甫早期的作品《望岳》,这是对同一诗人的不同时期的对比;然后又将本诗与李白的《登泰山诗》进行对比,让学生体会诗人性格、气度在作品中的体现。值得一提的是,因当时课件之中有一张杜甫画像,形容憔悴,稀疏的胡须下垂着,我不禁灵机一动,请学生将本画像与课文插图中的李白画像进行比较，并思考"为何画家们在二人的胡须上的处理是如此不同？"问题一抛出，既激起学生学习兴趣，又直观、形象地呈现了两位诗人的根本区别，增强了教学的趣味性。同时也让学生学会从细微处入手进行鉴赏的方法。

（二）比较阅读在教学中的具体运用

纵观近几年高考语文的命题趋势，比较阅读在诗歌鉴赏中时有体现。如曾经将《闻乐天授江州司马》和《得乐天书》进行比较，又曾将《送灵澈》和《题金陵渡》进行比较。因此，教会学生学会比较，并在比较之中求同、求异就显得至关重要了。

（1）异中求同。将不同的作品进行比较，提取共性，可以深化学生对作品主旨的理解。如我在教学李白的《蜀道难》时，为了让学生进一步体会蜀道之难，我向学生介绍了杜甫的《泥功山》："朝行青泥上，暮在青泥中。泥泞非一时，版筑劳人功。不畏道途永，乃将汩没同。白马为铁骊，小儿成老翁。哀猿透却坠，死鹿力所穷。寄语北来人，后来莫匆匆。"让学生通过对比阅读寻找共同点。一是都在强调所处环境的危险难行，二是都运用了夸张等手法，极力突出艰险难行。三是都运用了侧面烘托的手法。通过求同，更能让学生体会到语言描写的魅力。

（2）同中求异。在教学中，有时为了寻找突破点，深入理解作品，可以将具有相同特点的东西进行比较，寻求不同点，加深理解。我在教学《祝福》时就尝试运用了这种方法，收效不错。如在分析祥林嫂这个人物形象时，除了像多数人那样将祥林嫂的各次肖像描写进行对比来阅读，从中寻找其在眼神和服装上的各种不同，从而透视出祥林嫂处境的每况愈下之外，在分析祥林嫂死因时，当探讨到大伯收走了祥林嫂的房子时，我抛出了这样一个问题：同为寡妇，为何婆婆可以在婆家一直待下去，并且还可以作为夫权的代表，对祥林嫂进行迫害，而祥林嫂却要无条件地忍受被收去房子，离开家门之苦？这个问题引起了学生对二人的对比，并在对比之中发现了区别在于"孩子"，尤其是男孩对妇女的重要性——即"夫死从子"，孩子是祥林嫂在夫家生活下去的依靠、名分，失去了阿毛，祥林嫂便失去了身份。通过这一对比，学生对作品主旨的理解又加深了几分。

（3）语段改写与原文比较。还是在《祝福》一文中，我将在前后两次祭祀时四婶对祥林嫂所说的话进行比较，并将最后一次祭祀中四婶看到祥林嫂因自以为已捐了门槛，所以坦然地去拿祭品时所说的"你放着罢，祥林嫂！"改成"祥林嫂，你放着罢！"让学生一下就能在与原文的比较中了解四婶语气之中流露出来的紧张与厌恶之情，使理解更深刻到位，从而更好地引起学生的兴趣。当然有时候，针对某些情感性强的作品，也可以把学生自己写的文章与课文进行比较，学生有了真切的写作经历与感悟后，让他们表达自己与作家不同的见解与方法，这更能激起学生的主动性与积极性。

（4）文学作品与其他艺术作品比较。艺术是相通的，许多技巧在不同的艺术领域里有相同的表达效果，如绘画作品中的留白，在文学作品中也经常被用到，在教学《米洛斯的维纳斯》时，为了让学生体会到艺术空白的作用，我举了齐白石的国画《虾》等来表现此种艺术技巧的效果，以此带来更为直观形象的表现，从而吸引学生。当然，我们还可以采用奖励、小组交流等辅助手段来激发兴趣，这些方法在其他学习方法中也常被使用，这里就不再多言了。

古人说，上善若水，而水的流动不正是因为差异性造成的吗？差异性本身就是学生产生比较阅读的核心动力，本身就是引发学生阅读兴趣的根本原因。所以我们在实施比较阅读的教学中，不能简单把它看成是一种形式，更重要的是把它作为一种理念贯穿到教师"教"的实践中，贯穿到学生"学"的实践中，从而产生智慧的火花，衍生出更多的比较阅读的形式。

四、倒叙式教学一例

作为宋代亭台记文耀眼双璧之一的《黄州快哉亭记》，以其出色的绘景状物，流畅的引典况今和自然的抒情写意成为千古佳作。本文的文字畅达明快，平易自然，学生结合以往的知识积累和课文注释就基本可以理解文章的大意。但是文章是如何使情、景、事、理浑然一体，物之"快"，景之"快"，人之"快"，情之"快"是如何展现，如何把握文章主旨则是教学的重点。

第一课时我通过知识积累、整体感知、研读探讨等环节，让学生首先掌握文章的基本框架和前面两个自然段的基本内容。由于苏家三父子是文坛上众所周知的大文豪，所以学生在学习作者或者了解背景方面显得是游刃有余。文章以"快哉"统揽全篇，因此找文眼，找关键句，整理思路对学生来说也不是难题。要理解文章的主旨句,关键在于后面两个自然段的研读探究,所以我把前面两个作为铺垫的自然段放在第一课时讲解。由于学生课前做好了充分预习,本课时的教学进行得比较顺利和流畅。

第二课时我调整了思路,尝试用一种较新的方式来更好把握文章的主旨。摒弃每个自然段按部就班的讲解,我从分析快哉亭命名的两个原因入手,让学生针对"哪个原因更为主要"自由发言。通过学生回答和教师质疑来推进课堂思维的有效性。以"玩"字引出主人公之一的张君,通过文本研读了解张君被贬不同常人的生活。拓展链接苏轼和苏辙让文章主旨"使其中坦然,不以物伤性,将何适而非快"呼之欲出。最后才探讨作者是用怎样的方式提出主旨的。

以一种"倒叙式"的逻辑思维来把握文章主旨,用一种"倒着学"的教学程序来开展课堂活动,在解读文本、探究问题的过程中同时落实字词的积累、句式的掌握,我认为这样的方式不同于以往每个自然段一字一句讲解的模式,能够较好地调动学生的积极性和思维感来进行古文的学习。大部分学生都比较喜欢现代文课堂学习的发散思维和自由发言,而我们往常的古文课堂却总是一味地由教师主讲,学生一字不漏地做笔记,因此也导致古文成为师生心中共同的痛。而通过本课时的实践,我发现学生的学习兴趣比以前的古文课堂好了许多,课堂气氛也活跃一些。他们会感受到原来平日里枯燥无味的文言文也可以由读者的思维来统筹、由新颖的逻辑来研读。

只要能够尽量全面、到位地把握文本的深意,在创新教法的同时不忘双基的训练,这样的尝试何乐而不为呢?

五、潮汕文化在高中语文课程中的开发与利用思考

随着教育改革的推进和教育观念的多元化,几度起伏的乡土教育又被提上了研究和开发的日程,旨在弥补统编课程的不足,保护、传承优秀地方文化。2001年《基础教育课程改革纲要(试行)》提出:"要积极开发并合理利用校内外各种课程资源",随后《普通高中语文新课程标准(2020年版)》也明确提出"各地区都蕴藏着自然、社会、人文等多种语文课程资源,要有强烈的资源意识,去努力开发、积极利用。"

潮汕有着独特的人文历史,有着丰富的文化积淀,语文学习资源非常充足。适当地开发潮汕乡土资源,把乡土文化引入课堂,与教材结合起来,可以弥补传统语文教学资源的不足,同时具有重要的价值意义:

1. 乡土课程资源是语文教育社会化的纽带

根据新课程理念,"语文教学社会化,社会生活语文化"是语文教学改革的必由之路。由此可见,开发生活资源、整合生活资源,让其变成学生的需要,已经成为语文教学的迫切任务。而乡土文化无疑可以成为得天独厚的学习资源,不仅丰富了学生们的知识,而且可以通过语文教学活动来提高学生们的整体文化素质,在一定程度上有助于实现语文教育的社会化。

2. 对传承和弘扬本地乡土文化有显著作用

乡土文化教育思想源远流长,具有鲜明的地域特色,

在人文、社会、语言、艺术等各个领域都有开发的价值。在语文教学中，教师着眼于乡土课程资源中浓厚的乡土人文气息，借助语文教学手段，有利于引导学生认识自己生长的地方，充分感受本地区文化的特色与渊源。同时激发学生对传统文化的兴趣，以提升学生对本土文化的认同感和归属感，培育学生的乡土人文情怀。

那么，在高中语文教学中，该如何开发和利用潮汕文化资源呢？下面我将结合自身的教学案例进行阐述。

（一）利用潮汕方言帮助学生辨别"平仄"

在必修三诗歌单元的教学中，唐诗五首全部是格律诗，对于高中生来说，唐诗他们从小就接触，但是对于"格律"却是全然陌生的。关于格律知识的一大难点就是"平仄"，古代汉语有平、上、去、入四个音调，"平"就是平声，"仄"就是指上、去、入三声。在普通话中，入声已经消失，潮汕方言是我国汉朝中原古音的一支，由于潮汕地区的地理位置、政治原因、经济条件等因素，使得它仍较完好地保留着中原古音，现在潮汕方言中还保留着大量入声字——上入和下入。我们读古诗经常遇到诗律上规定用仄声的地方，而诗人们却用了一个在今天用普通话读来是平声的字，使我们难以辨别平仄，如果在教学中，把潮汕话与普通话联系起来就能解决这个问题了，让学生更能够体会诗词的格律之美。比如在《登高》一诗的教学中，首联"风急天高猿啸哀，渚清沙白鸟飞回"，句中的"急""白"都是入声字，学生读出这两字的潮汕音，能直接体会到入声字的短促急切。

（二）利用潮汕俚语，激发学习兴趣

《劝学》一文多用比喻进行说理，把深奥的道理通过比喻很形象地说清楚，这是该文最具有特色的地方，如用"青出于蓝""冰寒于水"比喻通过学习可以提高自身能力。在潮汕方言中，有许多俚语也是采用比喻来达到说理效果的，因此，在教学过程中，为了让学生更加深刻体会比喻说理的形象性，我举了一些在日常生活中常用到的潮汕俚语，如人们会用"三斗油麻倒无一粒入耳"比喻听者对别人的善意劝解听不进；又如用"老鼠嫁走仔"形容环境的嘈杂；还有用"所担无好话，所做无雅粿"比喻不会做事，说错话。从学生课堂的热烈反应中可以看出将一些潮汕俚语与课文内容相联系，可以激发学生的学习兴趣。

（三）知人论世，赏读前贤往哲诗文

对于诗文的鉴赏，孟子提出"知人论世"说，意思是说阅读诗文时，要了解作者的生平经历、思想和写作的背景。诗人的身份地位、遭际气质、志趣爱好、审美习惯决定了作品的风格和情感内涵。《师说》作者韩愈曾被贬潮州，其事迹对潮汕地区有着深远的影响。《师说》一文主要体现了韩愈尊师重道，重视文教的思想，而韩愈治潮惠政的一个重要方面就是高度重视教育，韩愈贬潮不久便写了《潮州请置乡校牒》，他认为治理国家，"不如以德礼为先"，"夫欲用德礼，未有不由学校师弟子者"，于是他花大力气兴办学校。韩愈这一举措，犹如"随风潜入夜，润物细无声"的春雨滋润着潮人好学崇文、尊师重教的风气。

出于对韩愈的一种深厚的感激、崇敬的心理,直至今天,潮州很多地方以韩愈命名,比如潮州的"昌黎路""韩山师范学院""韩江",还有为纪念韩愈而建的"韩文公祠"。因此在《师说》的教学导入中,我着重介绍韩愈贬潮后在潮州所实施的惠政以及现存与韩愈有关的景点,这样的导入让学生能走近这位文人,从而引导学生理解韩愈为什么在《师说》中一再强调"从师学习"的必要性和重要性。

我国大语文教育倡导者张孝纯先生指出:"语文与生活同在,凡有人类生活的地方都有语文,都有语文实践与语文学习。"在语文教学中开发和利用乡土文化,是"大语文观"的实践。这种"引进"既是对语文教学内容的有益补充,增强了语文教学内容的趣味性,调动了学生学习的积极性,又让学生受到了乡土文化的熏陶,激发了学生对家乡的热爱之情。

六、语文教学对班主任工作的辅助作用

语文是一门兼具工具性与人文性的学科,语文的教学,除了教授知识性的东西外,人文教育也是必不可少的。语文课上的内容是最贴近学生内心、最能打动学生的,因此,一个优秀的语文老师,应该是一个在专业能力上令学生钦佩,在情感上令学生敬爱的好老师。而一个学校的成功工作模式应该是教学与教育的完美结合,这就有赖于每一位教师,尤其是班主任。班主任工作的好坏,不仅关系到一个学校工作的好坏,而且直接影响到学生能否健康成长。由此可见,若能将语文教师与班主任双重身份结合起来,做到相辅相成,将对教育教学工作大有裨益。

(一) 利用语文课堂，走近学生心灵

与其他学科相比，语文课有着得天独厚的优势。一是课时多，一般高中一个班一周中都有不少于六节的语文课，语文教师天天与学生见面、交流，自然与学生更熟悉些，也更容易走进学生内心。二是语文课内容贴近生活，直击心灵。语文知识可分为知识性的东西和情感上的交流。知识性，即指语文的工具性，从一词一句的表达到如何运用好语言进行沟通（这又包括语言的得体、准确、生动等），所有这些，无不与学生学习生活息息相关。因此，教授这些知识，自然是容易为学生所接受的。学好这些知识，学生能切实体会到知识所带来的好处和乐趣。一个语文基本功过硬、语言表达好、有才情、有文采的老师，必然是一个受学生喜爱的老师。如此，则已向成功迈出了一小步；情感交流，则是指语文课内容是各种情感、观点的载体，教师可以通过师生互动实现情感交流，并适时对学生进行鼓励和肯定，当学生与老师在某一问题上产生情感共鸣时，师生情感自然更加密切。如在教学《我很重要》时，我充分地挖掘了班里学生各自的亮点，并对之进行肯定，当学生个人价值得到来自作者和教师的肯定时，自信倍增，在情感上也与我更近了。

做好这些，无疑为班主任工作的开展打下良好的情感基础。

(二) 利用语文课堂，创设情境，进行德育和美育

语文课本中的每一篇课文，都是作者心灵的抒写，都

在向学生传达着不一样的价值观、世界观，都在无形中对学生进行着德育或美育。因此，利用好每一篇课文，寓教育于熏陶、感染之中，所收到的效果当比说教式的教育好得多。如在学习《项脊轩志》一课时，我主要引导学生通过对文章中三位女性的描述进行鉴赏、品味，从而体会母亲和祖母对我的爱之深以及作者的怀念和愧疚之情。学完课文，学生深受感动，对生活、对亲情都有了新的认识；再如教学《与妻书》时，虽然也是一篇文言文，但文句较浅白，且在教学前面三篇课文时已对古文语法知识进行过很详细的讲解和学习，因此，对于这篇课文的教学，我舍弃了传统的讲授鉴赏法，而是综合运用各种教学手段，以影片作为前奏，通过直观感受和探究问题来学习本文，并在对文章的动情朗读中体会烈士林觉民对妻子的浓浓爱意和为国牺牲的壮烈情怀。在感动之余，自然也就树立了正确的人生观、价值观，实现感悟和内化。对这些课文的教学，不夸张呼吁，也不用苍白的言语解释，情境创设得好，自然能达到教师所要的教学效果，寓德育和美育于其中。

　　一个学生，只有懂得什么是正确的、什么是错误的、什么是爱、什么是美、什么是高尚、什么是卑微，才能为自己的人生打下良好的精神底色。钱理群教授在接受记者采访时曾说过："年轻人除了打好专业知识的底子，更要打好精神世界的底色。唯有如此，才是一个于自己于社会有益的人，也才能保证他以后不走弯路，或哪怕走了弯路也能及时找到回来的道路。"而这些，也正是班主任工作中的一部分。若能做到如此，则班级学生定会更有自觉性，凝聚力定会更大。

(三)搞好各种活动,以"活动"带动班级管理

班级的管理需要讲究技巧,有时候,老师苦口婆心,自以为是为了学生好,学生却并不买账,甚至造成不必要的误会。因此,寻找方法,艺术地管理班级很重要。而语文活动种类繁多,从知识性强的知识能力竞赛、朗诵比赛、作文大赛到思辨色彩浓郁的辩论比赛以及读书报告会等,都能从不同角度教育学生,辅助班级管理。

如当学生产生矛盾时,班主任老师可以不急着进行批评,而不妨让学生将事情以生动的文笔写下来,或者发表自己对事情的看法,又或者围绕观点进行论证,说服对方,这既能让学生进行深刻的反省,又避免了教师因一时激动而处理不当,伤害了学生,同时还能提高学生的写作能力,何乐而不为呢?

另外,一个先进的班集体必定有着良好的学风、班风。只有当班级中的每一个同学都奋发向上,有一种不甘人后的拼搏劲头,整个班级才能形成良好的学习氛围。而这种氛围的营造,除了要班主任平时适时的鼓励和指导外,更需要为学生创设一些与人竞争、展现自我的平台,这便有赖于各种活动的开展。如通过作文竞赛发掘班级写作能力强的学生,起到树立榜样,以点带面的作用,激发学生的写作兴趣,既提高了学生写作能力,又能形成人人争先的良好班风。一个班级,因为管理者的不同,所能达到的层次也是不同的:一是厌学成风,屡教不改;二是加紧督促,尚能有所提高;三是形成风气,人人争先。只有

达到第三种，班主任才是成功的班主任，而这样的班级自然也是优秀的班级了。在这方面，语文老师有着无可比拟的优势。

(四) 利用好作文、周记进行教育、感化

作文和周记是学生向教师敞开心扉，抒写内心感受、实现师生交流的一个平台，同时也是班主任老师进行情感教育、道德教育的最好途径。与课堂上的德育不同，作文、周记更私密些，也更有针对性些，它能让学生真实地感觉到老师对他的理解和爱，而不是面向全体同学时的关爱。因为学生的这种对周记中老师的评价和关爱的期待，教师的善意批评会比较容易为学生所接受，而学生也会在不知不觉中改变着自己，以使自己慢慢地朝向老师所鼓励的、所期待的方向发展。当然，要做到这一点，前提是该教师必须是受学生喜爱、尊敬的。

总之，教育有法，教育更需要得法。教育是门技术，更是一门艺术。教育这门精湛的艺术，光靠热情和奉献远远不够，爱生的真心，钻研的精神不可少。未来的教育，潜心致力于研究的教师才能适应创造教育的需要。作为教师，应该能充分利用自身优势，实现教育和教学的结合，在工作中，多动脑，多想办法，多做一些尝试，施之以爱，因人施教，教育教学相结合，这便是一个教育者的乐趣所在。

七、用生活体验情感——《想北平》教学反思

《想北平》是老舍先生的抒情之作。他身在异乡，但情

系北平。作为生于斯长于斯的北平文人对故乡动情带泪的思念与眷恋在文中尽情展现,这里有动情的追忆,有对故都风物的信手描摹,抒发一个平民知识分子的闲雅而热烈的情怀。作者巧妙地运用以小见大的写作手法,处处不说爱,不说想念,但处处都在说北平的好和北平的美,处处都在表达对北平的喜爱和眷恋之情。文章篇幅不长,行文脉络清晰,文字平实生动。

文章着眼于让学生领会故乡施予每个人的深刻的烙印,但是想要用有限的篇幅生动地刻画出一个城市的面貌,实在不是一件容易的事,特别是对北平这样的大城市就更为不易了。作为享誉全球的作家,老舍以一个地地道道的老北平的口吻来写"我的北平",采用对比和衬托手法,集中地表现了北平最主要的特点,给人留下了深刻印象。文章语言通俗易懂,篇幅也不长,学生必须在课前、课堂熟悉文本,理清文章写作思路,筛选信息回答教师所提的问题。由于教师有效引导学生进行文本研习,所以学生对于老舍心中的北平是个怎样的城市,可以有个较为清晰的了解。

老舍信手拈来,选取"整个儿与我的心灵相黏合的一段历史"及它们承载的情感,在文中表现出了对故土的无限眷恋之情,其情缱绻,足以深深地打动读者,但是对于生活阅历比较贫乏的学生,对于这种情感的理解是有一定难度的。那么如何指导学生在品读文章的过程中去慢慢地理解,体会老舍的浓浓乡愁呢?教师尝试了以下几种方法:一是播放歌曲,营造氛围——教师播放歌曲《念故乡》，激趣导入，营造舒缓悲伤的氛围，让学生在浓浓乡愁中开始阅读文本；二是知人论世，类比情感——通过介绍老舍与其母亲的深厚情感，感人往事，类比理解老舍对北平的爱正如孩子对母亲的爱，让学生更好理解老舍对北平的深刻感情；三是现身说法，走近学生——教师用自己的亲身经历，回忆大学往事，用一个个细微瞬间构筑的温暖记忆告诉学生，于细微处显真情才能更好感受作者对北平深沉而炽热的爱；四是链接资料，构建系统——教师介绍艾青、方令孺、郁达夫以及老舍的乡情作品，构建知识系统，感受浓浓乡愁。

通过以上几点尝试，学生感受了古时文人和现当代诗人的乡愁，了解了老舍以前的生活（即他与母亲之间的爱），也走近了教学引导者教师的回忆。用此生活化的情境手段来体验情感，比抽象地、简单地去透过文字表面理解深意来得更加有效和透彻。

但鉴于学生的生活阅历不够，对于此文，教师始终认为学生的情感体验仍是比较肤浅的。教师后来的设想是，文章前半部分写自己对北平难以言传的热爱与思念，以抒发感情为主，学生不易深入体会；后半部分通过对比的方法写出北平的特点，以此表达对北平的热爱，学生易于领会，因此，假如授课时能由后半部分入手，调整授课顺序，先了解老舍所写的北平是个怎样的城市，再来谈情感，可能学生可以更好地把握文本。用生活体验情感，也许也需要先了解主体人事物的具体特征和情况。

八、广阔性与深刻性的有机结合——高考议论文写作思维训练反思

在高考作文中,每年都有超过六成的考生选择写议论文。但现实情况是写好议论文并不容易,究其根本,难在思维。因为缺少写作的思维,就没办法写出有深度、有广度的文章,大都停留在空泛的层面;所以在高考作文备考的过程中,议论文写作指导是一个很重要的环节。对于考生来说,写作中遣词造句的语言基本功已经大体定型,要想在高考作文时有超常发挥,思维的训练就显得尤其迫切和重要了。就议论文写作的思维训练来说,最要紧的是培养两项思维品质:广阔性、深刻性。

(一) 求"多"——训练思维的广阔性

广阔性是议论文写作思维训练的突破口。大千世界的事物是复杂的,思维应该是对客观事物的反映,但由于阅历等方面的原因,考生的思维常呈现单一直线型。这二者之间的矛盾往往成为考生议论文写作的一道难关:思路闭塞,不得其门。解决这个难题的突破口,在于训练多角度与多方位辩证地观察、联想、分析,打开思路。这种多角度分析在我们平时进行新材料作文审题立意训练时经常用到。如下例子:

阅读下面的材料,按要求作文。

新春,小爬山虎要长大了。妈妈告诉他屋顶上有更美丽的风景,但要观赏到它却只能靠自己的努力,于是小爬山虎便沿着墙壁往上攀援了。墙角的竹笋嘲笑他柔弱才

疏、动作迟钝，路边的小草讽刺他胸怀野心、趋炎附势，低矮的牵牛花则羡慕它坚毅有力、能爬高墙。在太阳伯伯和风姑娘的鼓励下，小爬山虎终于爬上了屋顶。举目四望，虽然视野开阔了，可风景似乎不如想象中的那样美丽，小爬山虎不免有点失望和怅惘。突然楼上一个孩子推开窗，看到葱郁的绿叶，高兴地对爷爷说："多好的爬山虎啊，夏天我们有阴凉了。"小爬山虎听了心里甜甜的，一时百感交集，陷入了沉思……

生活是多彩的，认识是多元的。在人生的旅途上和成长的过程中，你也许有类似小爬山虎的见闻或感受。请根据上述材料的寓意，自选角度，自选文体（诗歌除外），自拟题目，写一篇不少于800字的文章。

考生的观点及立论依据有如下情况：

①有目标才有动力（目标的重要性）；②要实现人生目标就要靠自己的努力；③有自己的目标，不受外界的干扰（走自己的路，让别人说去吧）；④付出必有收获；⑤结果重要，过程同样重要；⑥奉献美于收获。

①②两个观点的得出来源于对材料中"妈妈告诉他屋顶上有更美丽的风景，但要观赏到它却只能靠自己的努力，于是小爬山虎便沿着墙壁往上攀爬了"。分析这段话，"美丽的风景"可以理解为"目标"，有目标才有向上爬的动力，要实现目标，就要"靠自己的努力"。

③④两个观点的得出来源于对材料中"墙角的竹笋嘲笑它柔弱才疏、动作迟钝，路边的小草讽刺他胸怀野心、趋炎附势，低矮的牵牛花则羡慕他坚毅有力、能爬高墙。在太阳伯伯和风姑娘的鼓励下，小爬山虎终于爬上了屋

顶"。分析这段话，小爬山虎在向上爬的过程中，既遭遇到嘲笑和讽刺，也得到了羡慕和鼓励，但无论如何他爬上了屋顶，将小爬山虎的经历对应到我们的人生，得出③和④的观点。

⑤⑥两个观点的得出来源于对材料中"举目四望，虽然视野开阔了，可风景似乎不如想象中的那样美丽，小爬山虎不免有点失望和怅惘。突然楼上一个孩子推开窗，看到葱郁的绿叶，高兴地对爷爷说：'多好的爬山虎啊，夏天我们有阴凉了。'小爬山虎听了心里甜甜的，一时百感交集，陷入了沉思……"分析这段话，小爬山虎终于爬上了屋顶，却发现屋顶的风景并不如想象的那样美丽，不免失望和怅惘，这让我们很容易就联想到人们经常会提及的人生哲理：结果重要，过程同样重要；或者说，过程比结果更重要。孩子的称赞，让失望的小爬山虎"心里甜甜的"，不禁又让我们思考：在人追求自身理想的过程中，很多时候会惠及他人，往往给我们带来更大的满足感与价值感。

按照材料的叙述顺序对材料进行分层，从不同的层次不同的角度去分析思考材料，得出的结论比盲目对材料进行单向的整体思考显然更妙，思路更易深入。这也是目前高考作文形式之一——新材料作文的基本要求。这样的审题立意训练，有利于考生发现多角度、全方位地思考问题对于审题立意的重要性，以培养其思维的广阔性。同时，多角度地思考，也避免了作文在立意方面的雷同，体现了思维的新颖性。

(二)求"深"——训练思维的深刻性

如果说广阔性是思维训练的突破口,那么,深刻性就是思维训练的终极目标。思维的深刻性,是指善于从看似杂乱无章的表面现象中抓住事物本质及其内在联系的思维能力。由于种种原因,高中生初写议论文的一个通病是肤浅。由肤浅到深刻是议论文写作思维训练的必由之路,施教之功在于有针对性地教会学生"求深"之法。

1. 通过写作提纲搭建起说理的框架

高中生写作议论文时,拿到题目,首先想到的不是怎样展开说理,而是有没有事实性的材料;构思过程中,不是主要运用充分而又深刻的说理来论证,而是用例子来搪塞敷衍;举例不是遵守典型而有针对性的原则,而是在议论文中讲述一个个完整的故事……因而很容易写成"观点+两个事例+结论"的简陋型议论文,用事例代替说理,文章显示不出说理文逻辑的魅力和说理的深度。议论文写作提纲的训练是有效地提升说理深度之道。这种方式可以让学生在行文之前先切合论点,搭建起完整的说理框架,再摆事实讲道理进行深入论证。如下面例子。

阅读下面的材料,根据要求作文。

现代社会,发达的通讯与交通工具,让人们的出行与彼此联系更加频繁,改变了传统"足不出户"的格局。在当代的中国,各种"民工潮"成为特有景观。在当代青年中,流行着"北漂一族"和"南漂一族"。出门在外,已经让越来越多的中国人体会到"漂"的喜怒哀乐,在"漂"中,正在形成一种有别于传统的"漂文化"。

请以"漂"为话题，写一篇不少于800字的作文。立意自定，文体自选。不得抄袭。

请看《说"漂"》的提纲：

"漂"：漂泊

漂泊是一种磨练，收获的是坚强；（独自面对，生活能力）

漂泊是一种体验，收获的是阅历；（艰苦创业，积累经验）

漂泊是一种别离，收获的是珍惜；（离开亲人，珍惜亲情）

漂泊是一种洒脱，收获的是视野。（独自闯荡，见多识广）

这个提纲从四个层面阐释漂泊于人生的重要意义。有了这个提纲后，写作者就有了"为什么写""写什么""怎么写"的清晰的整体构思，写起来就会心中有数，有条不紊。从而减少盲目性，克服随意性，能有效避免简陋型议论文的产生。

2. 通过有效地开掘事例达到说理的深度

考生在摆事实讲道理的围城里，往往是事例与结论的简单相加，缺乏基本的分析，事例与道理论证油水分离，这是万万不行的。议论文要显示出说理的深度，议论的过程中对所选用的事例材料进行道理层面的深度开掘是非常重要的。归结起来，还是有法可循的，如下所列。

假设分析法。就是在列举事实论据后，从正面或反面进行假设来揭示论据和论点之间的内在联系。标志性词语有假如、如果、试想、倘若等。如：

自信,但不能盲目。(论点)三国时的马谡乃蜀军一员大将。镇守街亭,他把二十万大军驻扎在高山上,久经沙场的老将王平力劝他撤离此山,理由让在场的将士信服,但唯有马谡仍然坚持自己的意见,结果被司马氏围山断水,放火烧山,蜀军不战而乱,几乎全军覆没。马谡也依军法被处斩,身首异处。(论据)假如当初马谡不狂妄自大,不盲目自信,能够听取他人的意见,选择有利的地势防守,那么司马氏又怎能在这次战争中轻易取胜呢?他自己又怎么可能身首异处呢?可见,人不能盲目自信。(分析)

——选自《自信,但不能盲目》

探因分析法。就是在列举事例的基础上,从因果关系上把论点与论据联系起来。具体说,就是对事例中的行为,沿着"为什么"这条思路,探求其根源,由果索因,使内容逐步深化。标志性词语有:"为什么……因为……""正因为如此……所以……""之所以……是因为……"。如:

自信,但不能盲目。(论点)三国时的马谡乃蜀军一员大将。镇守街亭,他把二十万大军驻扎在高山上,久经沙场的老将王平力劝他撤离此山,理由让在场的将士信服,但唯有马谡仍然坚持自己的意见,结果被司马氏围山断水,放火烧山,蜀军不战而乱,几乎全军覆没。马谡也依军法被处斩,身首异处。(论据)街亭失守,是因为马谡不懂兵法吗?不,他自幼熟读兵法,曾献计于诸葛亮,使其七擒孟获,平定南方边境;又离间曹睿与司马懿,使司马懿被罢官归田。马谡的失败,是因为他狂妄自大,盲目自

信,不能听取别人的正确意见。(分析)

——选自《自信,但不能盲目》

意义分析法。就是在举出实例之后,由小见大,在对具体事实的分析中提炼出事件或行为的精髓,抽象出事件或行为的意义,揭示出事件或行为的价值、影响或者危害。从而有力地证明观点、突出主题。如是正面事例,就分析其闪光点;如是反面事例,则指出其危害。

冰心说:"成功的花儿,人们只惊羡它现时的美丽。当初它的芽儿浸透了奋斗的泪水,洒遍了牺牲的细雨。"如果遭遇挫折,仍能以奋斗的英姿与之对抗,那么这样的人生是辉煌的。(论点)

当苏武被流放到北海时,北海的羊群咩咩地叫着,似在欢迎这位坚贞不屈的大汉臣子。这十几年的痛苦如果可以当作是一次挫折,那么这次挫折无疑是痛苦的,可是这位牧羊老人从未曾放大痛苦,于是十几年后,大汉的丹青上书写下了民族不屈的坚贞气节。(论据一)

昭君出走大漠,丝绸之路上又多了一串驼铃的"叮咚"声,"千载琵琶作胡语,分明怨恨曲中论"不应该是她真实心态的写照吧!如果不赂画师,终至出塞算是一次挫折,那么是挫折换来了汉匈两地人民的短暂安宁。(论据二)

苏武和昭君的举动应该是对直面挫折、缩小痛苦的心理的诠释。人生只有走出来的美丽,没有等出来的辉煌,因此直面挫折,化解痛苦才是我们的最佳选择。(分析)

——选自高考满分文《生命是一朵常开不败的花》

对引论文论据进行道理开掘的方法有多种,还有对比

分析、类喻分析、条件分析等，在此不一一介绍。在议论文写作过程中，应根据实际需要选用或综合运用多种方法。

　　总的来说，在议论文写作指导过程中，老师要注意对学生的思维训练，扩大他们思维的广度，提升思维的深度，才能写出好的作品，有魅力的文章。但这不可能一蹴而就，它需要一个过程。

后 记

经过努力,《语思——中学语文教学研究与实践》终于完稿了,对于我这样一名普通地区的老师来说是人生的一件大事,也是很有意义的一件事。此书得以出版,要感谢语文界大师罗易老师的指导,感谢特级教师茹清平老师和教育专家周录祥教授作序,还有揭东区第二中学各位领导和语文组老师的大力支持。

教学是一门艺术,只有更好,没有最好。在教育教学艺术的道路上,是没有止境的!教学的目标是知识的传授,还有思维的培养,最终达到能力的提升。这一切靠老师的说教是很难实现的,要在学生的实践体验中获得;因此长期以来,我更注重这种体验式教学的实践与研究。在这种体验与探究中,我和我们的团队大胆立意,集思广益,重视总结,及时把收获转换成点滴文字,并最终得以付梓此作,实属不易。

在体验式教学的研究道路上,还有很多需要我们去做的,比如群文阅读和整本书阅读板块的研究,还需要在实践中进一步探究,逐步形成理论体系。由于本人学识尚浅陋,研究还不够深入透彻,对于体验式的理论建构也尚未形成，文章深度和广度不够。期待着各位行家的指导赐教。最后，再次感谢各位领导、朋友对于此书出版的大力支持！

林　旭
2021年7月25日